부동산 세금 해결사

소득세, 양도세, 상속증여세부터 절세까지
모든 부동산 세금 문제에 명쾌한 답을 주는

부동산 세금 해결사

초판 1쇄 발행 2017년 11월 6일
초판 2쇄 발행 2018년 5월 14일

지은이 성민석

발행인 백유미 조영석
발행처 (주)라온아시아
주소 서울시 서초구 효령로 34길 4, 프린스효령빌딩 5F

등록 2016년 7월 5일 제 2016-000141호
전화 070-7600-8230 **팩스** 070-4754-2473

값 13,800원
ISBN 979-11-5532-315-1 (03320)

이 도서의 국립중앙도서관 출판시도서목록(CIP)은 서지정보유통지원시스템 홈페이지(http://seoi.nl.go.
kr)와 국가자료공동목록시스템(http://www.nl.go.kr/kolisnet)에서 이용하실 수 있습니다.
(CIP제어번호: CIP2017027151)

라온북은 독자 여러분의 소중한 원고를 기다리고 있습니다. (raonbook@raonasia.co.kr)

소득세, 양도세, 상속·증여세부터 절세까지
모든 부동산 세금 문제에 명쾌한 답을 주는

부동산 세금 해결사

성민석 지음

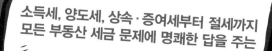

RAON
BOOK

세금 때문에 골치인
당신에게

　필자가 세무사 업무를 시작하던 2006년, 부동산의 거품을 우려하던 정부는 규제의 일환으로 각종 부동산 대책을 쏟아냈다. 그리고 2008년 외환 위기와 함께 부동산의 경기는 내리막을 걸었다. 하지만 시간이 지나자 정부는 다시 경기 부양을 위한 부동산 규제 완화 정책들을 발표했다. 예상컨대 다음 순서는 부동산 규제를 위한 법안이다. 어쩌면 가계 부채 정상화라는 이름 아래 이미 규제가 시작되고 있는지도 모른다. 이렇듯 변화무쌍한 부동산 정책을 따라가는 것만으로도 투자자들에겐 힘겨울 것이다.

　시중에는 향후 시장의 흐름, 미래 예측, 투자의 방법 등 부동산 투자 관련 책과 정보가 넘치도록 많다. 하지만 그로 인해 발생되는 세금에 대하여 다루는 책은 많지 않다. 대다수의 사람들은 가볍게 인터넷과 주변 지인들을 통해 세금 정보를 얻는다. 아직 나에게는 해당되지 않는 먼 나라 이야기라고 생각하거나 별거 아니라고 생각해서 이다. 물론 부동산 투자를 통해 수익이 발생하는 것이 최우선이고 세금은 차후의 일이라는 것은 맞다. 하지만 이런 생각을 가지고 투자를 시작한다면 매우 당황스러운 일을 겪게 될 것이다. 세금은 당신이 예상하는 것보다 엄청나게 많이 나올 수 있기 때문이다.

이렇게 세금에 대한 안일한 자세는 예상치 못한 세금의 습격에 당황하여 밤새 잠 못 이루다 필자의 사무실에 찾아오는 분들이 공통적으로 갖고 있던 생각들이었다. 물론 이렇게 방문했다고 세무사가 발생한 모든 세금을 없던 일로 만들 수는 없다. 그런 건 신이나 마법사들이 가능한 일일 것이다. 하지만 법의 테두리 안에서 최대한 줄일 수 있는 방법을 찾아 제시해줄 수는 있다. 이것이 내가 하는 일이고 그렇게 하나하나 10여 년 간 경험을 쌓아왔다. 그리고 그 이야기를 이 책에 담았다.

필자는 이 책을 이렇게 구성하였다. 우선 부동산 투자 시, 왜 세금에 대해서 알아야 하는지 그리고 어떤 세금을 내야 하는지에 대한 이야기를 할 것이다. 둘째는 세금에 대해 준비하지 않고 수익에만 매달려 예상치 못한 세금과 맞닥뜨릴 수 있다는 것을 강조하고자 하며, 셋째는 모르고 넘어갈 수 있는 세금 상식을 필자가 겪은 사례를 통해 쉽게 설명하고자 한다. 넷째는 비과세, 주택 임대 사업자, 부동산 매매업 그리고 법인 등 부동산 투자에 관한 이야기를, 마지막으로 필자가 여러분에게 당부하고 싶은 이야기를 하고자 한다.

아마도 이 책 한 권으로 여러분이 세금 전문가가 되지는 못할 것이다. 어떤 책도 여러분을 단번에 전문가로 만들어 줄 수는 것은 없을 것이다. 아니, 전문가가 될 필요는 없다. 세법은 늘 개정되는 것이니 다양한 예규에 따라 나에게 유리한 방법을 찾아내는 것은 전문가에게 맡기는 것이 더 좋다.

여러분이 알아야 할 것은 디테일한 세금의 기술, 정보보다는 마인드다. 여러분이 세금에 대한 기본 개념을 갖고, 미리 준비해야 하는 이유를 알게 되길 바란다. 미리 준비하는 것만으로도 발생할 수 있는 세금 문제를 절 반 이상 줄일 수 있다. 이것이 이 책을 쓴 이유다. 나의 작은 바람은 이 책이 여러분의 성공적인 부동산 재테크에 큰 도움이 되는 것이다.

마지막으로 내 존재의 이유인 가족에게 인사의 말을 전하고 싶다. 세상에서 가장 사랑하는 나의 아내 하연승, 늦은 시간에 퇴근하느라 함께하는 시간이 적지만 그래도 늘 아빠를 좋아해주는 고맙고 사랑스러운 우리 두 딸 수현, 윤채, 그리고 늘 마음으로 응원해 주시는 아버지, 어머니께 이 책을 통해서 사랑한다고, 늘 고맙다고 전하고 싶다. 또한 책을 출간할 수 있게 도와주신 라온북출판사의 조영석 소장님과 집필하는 내내 아낌없이 조언을 해주신 출판사 관계자 분들께도 깊은 감사를 드린다.

성민석

목차

세금이 당신에게 미치는 영향

2장 이것을 모르면 세금 문제가 발생한다

3장 양도세를 비과세로 해결하는 비법

4장 상위 1%만 아는 부동산 절세 노하우

5장 부동산 임대업 등록만으로 절세할 수 있다

6장 증여세를 알면 양도 소득세를 절세한다

부록 부동산 세금, 무엇이든 물어보세요

1장

세금이
당신에게
미치는 영향

세무사님 무슨 방법이 없을까요

오늘도 전화벨이 울린다. 통화는 대게 이런 식이다. "성민석 세무사님이시죠? 소개로 전화 드립니다"로 시작해서 본인의 사정이 이어진다. 그리고 마지막엔 "세무사님, 무슨 방법이 없을까요?"로 마친다. 상세한 사정은 모두 다르지만 이들에게는 공통점이 있다. 부동산을 이미 처분해서 등기를 마치고 직접 세금 신고를 하기 위해 세무서를 방문하거나 홈택스를 이용하다가 상상 이상의 세금이 나온다는 것을 알게 되고, 노심초사 끝에 주위에 아는 세무사가 있는지 수소문해서 전화를 했다는 것이다.

이런 경우 나는 양도 당시의 상황을 하나하나 다시 물어본다. 그리고 부동산의 보유 현황, 가족관계 등등에 대해서도 듣는다. 이렇게 다양한 정보를 종합하여 다각도로 손을 쓸 수 있는 또는 소명할 수 있는 방법을 모색한다. 이렇게 해서 방법을 찾을 수 있다면 다행이지만 대다수는 이미 어찌해도 상황을 바꿀 수 없는 경우가 많다. 그러다보니 아쉬운 마음에 "왜 이제 오셨어요, 미리 오셨으면 좋은 방법을 찾을 수 있었을 텐데요"라고 말하게 된다.

세무사는 완전히 불가한 상황을 언제든지 원하는 대로 바꿀 수 있는 마법사가 아니다. 다만, 보통보다 세법을 잘 알고 그것을 유리한 방향으로 활용할 수 있는 사람일 뿐이다.

당신은 살아오면서 세금으로 인해서 어려움을 겪어 본 적이 있는가. 있다면 그런 문제는 왜 만들어졌다고 생각을 하는가.

우리나라는 징수하는 세금이 많은 편이다. 물론 많다는 것은 상대적 판단이기는 하지만 세금을 내는 사람 중 세금이 적당하다고 하는 사람을 본 적이 없다. 다들 이거 내면 남는 게 없다고들 한다. 하지만 한편으로는 사람들은 세금이 원래 많다는 사실을 전혀 알지 못한다. 이점이 당신이 세금 때문에 밤잠을 설친 진짜 이유다. 다시 말하면 우리나라는 원래 내야 하는 세금이 많지만, 당신을 포함한 대다수의 사람들은 그런 세금의 기본적인 것조차 잘 알지 못하고 있거나, 한술 더 떠서 잘못 알고 있어 세금을 어려워 하고 세금 때문에 어려움을 겪고 있다.

사람들은 왜 이리 세금에 무지할까. 이유는 간단하다. 관심이 별로 없기 때문이다. 대부분 수익에만 초점을 맞추고 세금은 얼마 안 되겠지라는 근거 없는 믿음이 관심을 두지 않는 가장 큰 이유일 것이다.

현재 대한민국은 부동산, 주식 등 재테크에 열광하고 있다. 그리고 이에 대한 정보는 그 어느 때보다 많이 쏟아져 나오고 있다. 이 중에도 부동산은 늘 사람들의 주요 화젯거리 중 하나다. 나는 재테크 전문가는 아니지만 통상 하는 말을 듣기로 재테크는 매수 시기가 가장 중요하다고 들었다. 물론 이후 과정도 중요하겠지만 재테크의 성공 여부의 절반이 매수 시기에 결정된다고 한다. 당신은 '일단 사고 보자, 어떻게든 되겠지'라는 생각에 또는 신중한 고민 없이 주위의 말만 믿고 매수를 결정한 일이 있었는가. 그 결과는 어땠는가. 생각과 많이 다르다거나 기획 부동산에 속았다 등등 돌이킬 수 없는 결과들로 이어진 적은 없었는가? 이런 경험을 겪은 사람이라면 매수 당시 신중해질 수밖에 없다. 이렇게 매수 시점부터 신중하게 결정해야 올바른 투자가 가능할 것이다.

부동산 재테크의 매수 시기에 대해 이야기를 한 이유는 부동산을 처분하고 세금으로 인해서 문제가 발생하는 대부분의 이유가 바로 이 매수 시기부터 미리 세금에 대해서 준비하지 않았기 때문이라는 점을 강조하기 위해서다. 늘 분세는 예상하지 못했을 때 닥친다. 물론 아무리 예상을 해도 돌발 변수가 발생할 수도 있다. 그러나 대다수의 문제점은 이런 돌발 상황 때문은 아니다. 앞서 말한 것처럼 당신이 세금에 대해서 잘 모르기 때문에 발생하는 것이다.

앞서 매수 시점에서의 세금 문제에 대해서 사람들이 크게 고민하지 않는다고 했지만 더 큰 문제는 처분 시 발생하는 세금이다. 대부분 수익을 위한 지식과 비교하면 세금에 관한 지식은커녕 관심도 없다고 봐야 한다. 그저 입금될 금액에만 신경을 쓴다. 그러다 부과되는 세금에 놀란다.

이런 부분은 가까운 세무사 사무소를 찾아가 상담을 받으면 상당 부분을 간단하게 해결할 수 있다. 해결이 안 되더라도 최소한 미리 인지하고 예상할 수 있다. 세무사를 찾는 습관은 의사를 찾는 습관과 비슷하다고 할 수 있다.

나이가 들면 흔히들 건강에 대한 염려가 많아진다. 건강을 잃으면 모든 걸 잃는 것이다. 그래서 운동을 하고 식단을 조절하며 최종적으로 병원에 가서 문진 등을 통해 현재의 건강 상태를 진찰받는다. 건강을 잃지 않기 위해서 의사를 찾아가길 마다하지 않는 것이다. 이와 같은 마음으로 세무사를 가까이에 둔다면 당신의 돈을 잃지 않을 수 있다.

미국에서 건국의 아버지라 불리는 벤저민 프랭클린은 "사람이 일생 동안 피할 수 없는 것이 두 가지 있다. 하나는 죽음이고 또 다른 하나는 세금이다"라고 했다. 이것은 세금은 한 나라의 국민이라면 반드시 지켜야 하는 의무이며, 동시에 그가 그 나라의 권리가 있는 국민임을 입증하는 도구이기 때문이다. 또한 국가는 이 세금을 바탕으로 국정운영과 기타 국민을 위한 서비스 등을 제공하는 재원을 마련한다. 그리고 그 세금을 올바른 곳에 정당하게 쓰는 것은 국가의 의무이다.

국가라는 시스템 안에서 살아갈 때 세금은 없어서는 안 될 중요한 것이다. 그러다보니 국가는 더 많은 세금을 징수하기 위해서 해를 거듭할수록 좀 더 정교하게 법을 개정한다. 그런데 그런 국가를 상대로 당신은 어떤 노력을 하고 있는가. 당신은 세법에 어느 정도 지식이 있는가. 당신이 세무사를 찾는 때는 언제인가.

상담 수수료가 아까워 적절한 상담 시기를 놓친다면, 당신 앞에 놓인 것은 수익이 아닌 막대한 세금일 수 있다. 지피지기면 백전백승이라 하였다. 세금을 아낄 수 있는 방법은 내가 세금을 제대로 알거나 세금을 제대로 알고 있는 이의 도움을 받는 것이다. 그리고 이런 방법만이 더 높은 수익을 얻는 길이 될 것이다.

부동산 투자는 항상 세금과 함께 한다

부동산 재테크를 하기 위해서는 많은 지식이 필요하다. 이런 지식 습득을 위해서 이런저런 책을 읽고, 인터넷을 뒤적이며 정보를 수집하고 최종적으로 부동산중개사무소를 찾을 것이다. 이때 찾는 대부분의 정보는 부동산 취득에 대한 방법, 법률관계를 해결하는 방법, 좋은 부동산을 고르는 법, 투자에 관한 방법, 투자마인드에 관한 것이다. 처음 공부를 할 때는 어찌나 재미나는지 시간가는 줄 몰라 밤을 꼴딱 새우기도 한다. 어쩌면 학창시절보다 더 열심히 공부할 지도 모른다. 그렇게 공부를 해도 첫 투자는 누구나 겁이나 망설여진다. 두근거리고 떨린다. 하지만 하나, 둘 취득하다보면 자신감이 붙는다. 어떤가, 당신도 예전에 이런 시절이 있지 않았나. 혹은 현재 당신의 이야기가 아닌가.

부동산 투자는 수익을 보기 위해서 하는 것이다. 그렇기 때문에 '부동산 투자'라는 키워드로 정보를 수집하다보면 수익을 얻기 위한 내용이 주가 될 수밖에 없다. 그러다 보니 당신도 그것에 초점을 맞추게 된다. 부동산 재테크에 대해 공부하는 과정에서 대부분 세금에 대해서는 공부하지 않게 된다. 세금은 나중에 돈을 많이 벌면 그에 따라 내는 것이라고 단순하게 치환하여 미뤄둔다. '얼마를 납부하든지 많이 벌었으니 내는 것일 테니 괜찮아' 또는 '수익이 많지 않으니 세금을 얼마나 내겠어?'라고 생각하는 것이다.

물론 일부 맞는 말이다. 금액적으로 많은 세금은 일단 수익이 높을 때 내는 것이다. 그러나 수익과 상관없이 반드시 납부해야 하는 것이 있다. 소소하지만 내지 않으면 안 되는 세금들이다. 이를 무시하고 자금 계획을 짜다가는 계획에 차질이 생길 수 있다. 그러니 꼼꼼하게 체크하여 작은 것도 놓치지 않아야 한다.

부동산을 취득, 보유, 처분하는 일련의 과정에서 다음의 세금을 각각 신고하고 납부하게 된다.

부동산 취득 단계

① **취득세**: 부동산을 취득하면서 부동산의 매매가액 이외에 취득세를 납부하게 된다. 취득세는 잔금을 치르고 60일 이내에 관할 시, 군, 구청에 신고하고 납부한다. 대다수는 법

무사 사무실에서 등기 업무 대행과 동시에 진행한다.

② **부가가치세**: 부동산 중 토지와 주택을 제외한 것, 보통은 상가나 공장 등의 건물을 매매하는 경우 발생한다. 부가가치세가 발생하는 부동산(토지, 주택 이외)을 취득하는 경우에는 부가가치세를 매도자에게 계약금 및 잔금과 함께 지불하고 사업자등록을 신청하여 매도인에게 지급한 부가가치세를 세무서에 환급 신청할 수 있다.

부동산 보유 단계

부동산 보유 단계에서 발생하는 세금은 크게 두 가지, **보유로 인한 보유세**와 **소득으로 인한 소득세**로 나누어 볼 수 있다.

보유세는 부동산을 보유를 하는 것만으로도 세금을 내는 것으로 재산세와 종합 부동산세가 있다. 재산세와 종합 부동산세는 6월 1일(이를 과세기준일이라 한다)에 부동산을 소유하는 자에게 부과하는 세금이다. 또한 부동산의 임대 등을 통해서 발생한 소득에 대해서 신고하고 납부하는 소득세와 부가가치세가 있다.

① **재산세**: 부동산 소재지 관할 시, 군, 구청(지방자치단체)에서 부과하며 고지서를 보내어 7월 31일까지 건물분의 재산세를, 9월 30일까지 토지분의 재산세를 납부하도록 한다. 주택의 경우에는 7월 31일에 반(1/2)을 9월 30일에 나머지 반(1/2)를 나누어서 납부하면 된다.

② **종합 부동산세**: 주소지 관할 세무서(국가)에서 부과하여 고

지서를 보낸다. 이는 12월 15일까지 납부하면 된다.

③ **부가가치세**: 부동산 임대에서의 부가가치세는 주택의 임대를 제외한 일반 건물과 토지를 임대하는 경우에 발생하는 세금이다. 임대료의 10%를 부가가치세로서 별도로 임차인에게 수령하여야 하며 이를 매 분기에 사업자등록 소재지 관할 세무서에 신고하고 납부하는 것이다.

④ **종합 소득세**: 부동산 임대로 발생한 임대 수입에서 사업을 영위하기 위해서 지출한 비용을 차감하여 계산한다. 이를 수입이 발생 연도를 기준으로 다음 연도의 5월 31일까지 신고하고 소득세율에 따라서 소득세를 납부한다. 또한 이때 부동산 임대 소득 이외에 근로 소득이나 사업 소득 등 다른 소득이 있는 경우 모두 합산하여 소득 금액을 계산한다.

부동산 처분 단계

① **부가가치세**: 부가가치세가 발생하는 부동산(토지, 주택 이외)을 처분하는 경우에는 부가가치세를 매수자에게 계약금 및 잔금과 함께 수령하고 사업자등록을 폐업 신청을 한 후 매수인에게서 수령한 부가가치세를 관할 세무서에 납부하여야 한다.

② **양도 소득세**: 부동산 처분으로 인하여 발생하는 시세 차익에 대하여 신고하는 세금이다. 양도가액에서 취득으로 인하여 소요된 비용(취득가액)을 차감한 후, 계산한 소득 금액

에 소득세율을 곱하여 계산한다. 양도 소득세를 잔금 또는 등기 이전일 중 빠른 날을 기준으로 하여 2개월이 되는 달의 마지막 날까지 신고하고 납부해야 한다. 예를 들어 5월 20일이 잔금일이라면 7월 31일이 신고, 납부일이다.

부동산을 취득, 보유, 처분하는 일련의 과정에서 위와 같은 세금은 당신을 항상 따라 다닌다. 더불어 직접 세금을 챙겨서 신고할 때 제대로 신고하지 않은 경우 가산세 등의 불이익을 볼 수도 있다. 그러니 부동산 거래시 반드시 이러한 세금 지출을 숙지하고 있어야 하며 그 신고일 또한 잊지 말아야 할 것이다. 이렇게 발생할 수 있는 세금의 기본 지식을 습득하면 이를 바탕으로 절세의 방안을 찾아 당신에게 발생할 수 있는 세금 문제를 해결할 수 있는 마스터키를 하나 갖게 되는 것이다.

모든 투자는
세후 수익이
진짜다

모든 사업은 목표를 설정하고 그에 따라서 계획을 세운 뒤, 이를 성취하기 위해서 매우 많은 노력을 해야 한다. 부동산 투자 역시 막연한 목표를 갖기 보다는 자신만의 예상 금액 또는 구체적인 목표 금액을 설정하고 투자해야 한다. 목표를 세운다고 해서 다 이루어지는 것은 아니지만 목표도 없이 막연한 위태로운 사업보다 훨씬 성공률이 높다. 사업뿐 아니라 부동산 재테크 역시 목표한 금액과 투자에 대한 확신이 없다면 보유 과정이 여간 어려운 일이 아니다.

그러나 불행이도 많은 사람들이 구체적인 목표 금액을 설정하지 못한 것이 현실이다. 당신 역시 수익이 발생하면 좋고, 아니면 어쩔 수 없다라는 식은 아닌가 생각해 보자.

당신이 생각한 부동산 수익은 어떤가. 물론 누구라도 부동산에 투자하며 자신이 받을 임대 수익과 시세 차익은 어느 정도 계획할 것이다. 운 좋게 예상보다 수익이 더 높을 수도 있고 반대로 낮을 수도 있다. 수익이 높아서 계획을 수정하는 즐거운 일만 발생한다면 얼마나 좋겠는가. 그러나 실상은 그렇지 않은 경우가 많다. 특히 수익만 생각하고 이에 따라오는 세금을 고려하지 아니한다면 당신이 생각하는 수익률은 절대로 채워지지 않을 수도 있다.

우리는 앞서 부동산 투자의 모든 단계가 세금과 함께 함을 확인하였다 그러면 이번에는 각 세금이 부동산 투자 수익에 어떤 영향을 미치는지 세전 수익과 세후 수익이 어떤 차이를 가지고 있는지 알아보자.

이 투자 씨는 부동산 투자를 위해 지방에 다가구 주택(면세) 하나를 구입하였다. 이미 거주하는 주택을 보유(배우자 명의, 시가 5억 원, 기준시가 4억 원)하고 있어 1세대 2주택이 되었다.

· 2017년 9월 10일 취득가액: 4억 원(기준시가 3억 원)

· 다가구 주택 5가구 임대 보증금: 1천만 원, 월세 40
  만 원(국민주택 이하 규모)

· 대출 금액: 2억 원(1개월 이자 60만 원)

· 2020년 11월 20일 양도가액: 5억 원

28

이 예시는 2017년 현재 세법을 기준으로 간단하게 계산하기 위해 주택으로 선정한 것이다. 주택은 부가가치세가 면세되는 부동산이므로 부가가치세는 계산 내역에 없다. 또한 계산 방식 및 내역은 이후에 자세한 설명과 함께 구체적으로 다룰 것이라 여기서는 대략적인 금액만을 산출해보자. 이 씨가 취득에서 처분까지 얼마의 세금을 납부해야 할까?

취득 단계

이 씨가 **취득하는 단계에서 지출하는 세금은 취득세**다.

취득세의 취득세율은 4억 원인 경우 1.1%로 납부하는 취득세는 440만 원이 된다.

보유 단계

부동산을 보유해서 발생하는 세금은 재산세와 종합 부동산세이다. 이 씨의 경우 납부 예상 금액은 재산세 27만 원, 지방교육세 5만4,000원, 도시계획세 25만2,000원으로 합계 57만6,000원이며, 종합 부동산세는 보유한 부동산의 기준시가가 6억 원 이하로 발생하지 않는다. 여기에 **보유한 부동산을 임대하여 발생하는 소득에 대한 종합 소득세** 148만8,960원이 발생한다. 이때 이 씨의 연간 임대 소득은 2,400만 원이므로 임대 소득 세율은 15%(p31 임대 소득 과세표 참조)가 된다. 이를 간단히 표로 나타내면 다음과 같다.

구분	내역	금액
임대료 수입	400,000원×5개 호실×12개월	24,000,000원
(−) 이자 납부	600,000원×12개월	7,200,000원
(−) 재산세 등		576,000원
(=) 소득 금액		16,224,000원
(×) 세율	15%(누진 공제 1,080,000원)	
(=) 소득세		1,353,600원
(+) 주민세	소득세의 10%	135,360원
(=) 총 부가세액		**1,488,960원**

처분 단계

처분 단계에서 발생하는 세금은 양도 소득세다. 아래 이해를 돕기 위한 간단한 표를 확인해 보도록 하자.

구분	내역	금액
양도가액		500,000,000원
(−) 취득가액	400,000,000원 +취득세(4,400,000원)	404,400,000원
(=) 양도 차익		95,600,000원
(−) 장기 보유 공제	10%(보유 기간 3년)	9,560,000원
(=) 양도 소득 금액		86,040,000원
(−) 양도 소득 공제	기본 공제	2,500,000원
(=) 과세 표준		83,540,000원
(×) 세율	24%(누진 공제 5,220,000원)	
(=) 소득세		14,829,600원
(+) 주민세	소득세의 10%	1,482,960원
(=) 총 부담세액		**16,312,560원**

부동산 투자 시 당신은 앞에서 계산한 금액에 해당하는 세금을 납부할 것이다. 이로인해 당신의 취득 금액은 올라갈 것이고 보유 단계에서 납부하는 종합 소득세는 당신의 임대 소득 수익을 하락시킬 것이다. 또한 처분 단계에서 납부하는 양도 소득세는 시세 차익으로 인한 수익을 하락시킬 것이다. 수시로 바뀌는 부동산 정책, 세법 개정으로 인하여 정확한 계획을 세우는 것은 무리일 것이다. 하지만 그렇다고 아무런 예상 없이 투자를 진행한다면 세금을 납부해야 할 때 필요한 자금이 없어 과징금을 물게 되는 경우가 발생할 수도 있다. 그러니 우선 부동산 투자에는 늘 세금 납부가 함께 한다는 사실을 인지하여야 할 것이다.

임대 소득에 따른 과세 표준

2017년 현재 임대 소득의 세율은 누진세로 계산되는데 이는 소득 구간에 따라 아래와 같이 부과된다.

종합 소득세 누진세율표

소득 과세 표준	세율	누진 공제
연간 12,000,000원 이하	6%	–
연간 46,000,000원 이하	15%	1,080,000원
연간 88,000,000원 이하	24%	5,220,000원
연간 150,000,000원 이하	35%	14,900,000원
연간 500,000,000원 이하	38%	19,400,000원
연간 500,000,000원 초과	40%	29,400,000원

주택 임대도 세금 납부가 의무다

현재 주택을 임대하고 임대 소득에 대한 신고를 하지 않는 사람들이 많다. 책을 읽는 독자의 주변에도 많을 것이다. 이를 오래된 관행처럼 당연한 것이라고 생각하는데 이것은 매우 잘못된 상식이다. 우리나라의 소득세법은 주택 임대에 대하여 소득세를 납부할 의무를 지우고 있다. 또한 2010년부터는 3주택 이상 다주택자의 보증금에 대한 간주임대료(월정 임대료와는 별개로 받은 전세금 또는 임대보증금에 일정한 이율을 곱하여 계산한 금액)까지 과세하고 있다.

국세청은 수년 전부터 지자체와 연계하여 임차인의 확정일자 신고내역을 바탕으로 한 임대료와 보증금에 대한 자료를 쌓아가고 있다. 다만 현행 소득세법은 2018년까지 연간 주택 임대 수입 금액 2,000만 원 이하에 대해서는 비과세 혜택을 주고 있다. 그러나 2019년부터는 임대 소득에 대하여 더욱 정밀한 과세를 하기 위한 의지를 표명하고 있으며 이는 조만간 실현될 것이다. 모든 소득은 공평하게 과세해야 한다는 것을 생각하면 주택 임대 소득에 대해서도 과세하는 것은 당연하다.

현행 규정에 따르면 주택 임대 소득은 1주택자, 2주택자, 3주택 이상자로 나누어 각각 수입 금액 계산 방식을 달리 적용하고 있다. 여기서 주의해야 할 것은 임대 소득의 비과세 기준이 되는 수입 금액은 개인별로 계산하여 판단하지만 그 주택 수를 계산하는 기준은 개인별 계산이 아닌 1세대의 합산 주택 수를 기준으로 하여 판단한다는 것이다.

1주택자로서 기준시가 9억 원 이하의 주택을 소유한 자가 주택을 임대하여 발생하는 소득은 비과세이다. 주로 다가구 주택을 1채 소유하여 이를 임대하고 있는 경우가 많다.

1주택자이지만 기준시가 9억 원 초과(이를 고가 주택이라고 한다)하는 주택을 소유하고 있거나, 2주택을 소유하고 있는 경우에는 월 임대료의 연간 합계 수입이 2,000만 원 이하인 경우 비과세이고 2,000만 원을 초과하는 경우 과세이다. 즉, 월 평균 166만 6,666원 이상인 경우 과세 된다는 의미이다. 또한 이때 2,000만 원 초과 시 주의할 점은 2,000만 원을 초과하는 부분에 대해서만 과세를 하는 것이 아닌 임대 수입 전체를 과세한다는 점이다.

3주택 이상의 주택을 소유하는 다주택자는 2주택 소유자와 동일하게 2,000만 원을 기준으로 하여 과세, 비과세 여부를 판단한다. 다만 수입 금액을 계산함에 있어서 2주택자는 월 임대료만을 합산하여 수입 금액을 계산하지만 3주택 이상의 주택을 소유하는 다주택자는 보증금의 이자 상당액에 해당하는 간주임대료를 계산하여 이를 월 임대료와 합산한 금액을 수입 금액으로 한다.

보유 주택 수별 임대료와 간주임대료의 수입 금액 계산 및 과세 여부를 정리하면 아래와 같다.

보유 주택 수		임대료	간주임대료
1주택	900,000,000원 이하	×	×
	900,000,000원 초과	○	×
2주택		○	×
3주택 이상		○	○

간단히 하면 위의 표에 해당하는 임대료의 연간 합계 액이 2,000만 원을 초과하는 경우 과세된다. 현행 세법에서는 간주임대료의 대상 주택이 3주택 이상 소유한 다주택자의 모든 주택이 아니다. 대상 주택은 전용 면적 60㎡ 이상이거나 기준시가 3억 원 이상인 주택인 경우 보증금에 대한 간주임대료를 계산한다. 간주임대료는 다음의 방식으로 계산한다.

간주임대료=(보증금 합계-3억 원)의 적수×60%×1/365×고시 이율(2017년 현재 1.6%)

여기서 적수는 임대한 일수를 의미한다. 이렇게 간주임대료를 계산해 3주택 이상의 보증금 합계가 3억 원을 초과하여 주택의 임대보증금 초과액이 1억 원이 나왔다면 이에 대해 96만 원의 소득 금액이 나오는 것을 알 수 있다.

이 규정은 2018년까지 유효하며 2019년부터는 다주택자의 모든 주택에 대해서 보증금의 간주임대료를 계산하여 과세할 예정이다.

앞서 이야기한 바와 같이 2주택 이상자이지만 임대 수입 2,000만 원 이하이면 비과세였던 법은 없어지고 2019년부터는 비과세가 아닌 분리과세(종합과세와 다르게 해당하는 금액을 별도로 분리하여 세율을 적용, 계산하는 방법. 분리과세는 당해 금액을 납부하는 것으로 납세 의무가 종결된다. 쉬운 예로 예금에 대한 이자, 배당 소득이 2,000만원 이하인 경우 세금을 별도로 신고, 납부하지 않는 것이 바로 분리과세다)로 바뀐다. 또한 3주택자 이상의 다주택자는 모든 주택에 대하여 간주임대료를 계산한다.

이 부분에 대해서 나는 의견이 있기도 한데, 현행 규정도 2016년에 비과세가 끝나는 것을 2년 연장하도록 일부 개정하여 이어온 것이다. 따라서 2019년 이후에도 한시적으로 또다시 지금과 같은 모양새로 연장이 될 수 있다고 전망하는 사람이 있는 것이다. 이것이 불가능한 것은 아니다. 하지만 분명한 사실은 기간 연장과 같은 것은 조세 저항으로 인한 일시적인 것일 뿐이라는 점이다. 국세청은 단계적 과세를 하고 있으며 과세 대상은 점차 넓어지고 있는 것이 현실이다.

현행 규정이 다시 개정될 수 있다. 하지만 국세청은 조세 정의 실현에 기초하여 확고한 의지를 가지고 주택 임대에 대해 과세하고자 한다. 따라서 국세청은 전산 등 어떤 식으로든 당신의 임대 소득 내역을 파악하고 있다. 언제까지 국세청이 당신의 임대 소득을 모를 것이라고 생각하는가. 갑작스런 세금 문제가 발생할 수 있다. 미리 세법 개정과 흐름에 맞춰 준비해두자. 항상 준비하지 않는 자에게 문제는 발생한다.

부가가치세는
항상
곁에 있다

생산, 유통 등 모든 단계에서 사업자가 창출한 부가가치에 대하여 부과하는 세금이 부가가치세다. 부가가치세법에는 재화의 공급, 용역의 공급에 대해서 부가가치세 징수와 납부의 의무가 있다. 그렇다면 부동산 거래도 부가가치세를 낼까? 답부터 말하자면 낸다. 부동산 매매가 재화의 공급에 해당하고, 부동산 임대는 용역의 공급에 해당한다. 따라서 이는 모두 부가가치세 과세 대상이다.

다만, 부가가치세법에서는 모든 재화와 용역에 대하여 과세하는 것이 아닌, 부가가치세를 거래 징수하지 않는 면세 제도를 두고 있다. 부동산과 관련하여 면세되는 것은 '주택의 임대, 토지의 매매, 국민주택 규모 이하의 주택의 매매'가 해당한다. 여기서 부가가치세 거래 징수의 주체는 부가가치세법상의 사업자이다. 그러므로 사업자가 아닌 자의 재화 공급이나 또는 면세 사업에서 발생한 재화의 공급은 부가가치세 과세 대상이 아니게 되는 것이다.

부동산 매매 시 거래 금액(공급가액)의 10%를 부가가치세로 거래 징수하고 납부하는데 당해 거래(잔금일)의 흐름을 보면 아래와 같다.

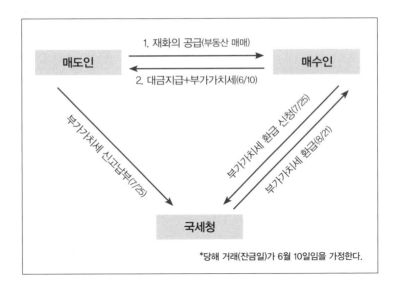

위의 흐름을 보면 매수인, 매도인, 국세청 모두 당해 거래로 인하여 부가가치세는 제로(0)로 마감 된다. 다만 매수인은 부가가치세를 당해 거래일(잔금일 또는 등기 접수일)에 부가가치세를

매도인에게 거래 징수되었다. 그래서 약 2개월 후 국세청으로부터 당해 부가가치세를 환급 받게 되는 구조이다.

이 때문에 부가가치세법에서는 사업의 포괄양수도에 해당하는 경우 당해 거래에 대하여 부가가치세 거래 징수를 생략하게 하였다. 그러나 주의해야 할 점은 사업의 포괄양수도에 해당하는 경우에만 부가가치세를 거래 징수하지 않는다는 것이다. 여기서 사업의 포괄양수도란 사업의 모든 물적, 인적 설비가 이전되는 것을 의미한다.

포괄양수도에 해당하지 않는 경우는 다음과 같다.

① 임차인을 승계하지 않고 변경하는 경우

② 직접 부동산을 사용하는 경우 등 업종을 전환하는 경우

③ 부동산 매매업의 재고자산을 매매하는 경우

이에 해당하는 경우에는 포괄양수도에 해당하지 않으므로 부가가치세를 거래 징수하여 납부하여야 한다.

또한 다음과 같은 경우는 환급받은 부가가치세를 세무서에 납부해야 한다.

① 면세사업에 사용한 경우

② 폐업 시 잔존재화(폐업을 하는 시점에 남아 있는 자산)인 경우

이때 세무시에 납부하는 부가가지세는 낭조 환급받은 부가가치세액에 1과세 기간(1월~6월, 7월~12월) 경과 당 5%씩 차감한 부가가치세액을 납부한다. 물론 이것은 환급받은 부가가치세를

반환하는 경우이므로 취득 시 부가가치세를 환급받지 않은 경우에는 이를 다시 납부하지 않는다.

주택의 임대는 부가가치세 면세 대상으로 부가가치세를 과세하지 않는다. 허나 주택의 매매는 부동산 매매업용, 주택임대업용 두 가지로 나누어 볼 수 있다. 사업에 사용하지 않는 본인 거주 주택은 사업용이 아니므로 부가가치세 과세 대상이 아니다.

주택임대업에 사용하던 부동산은 면세 사업에 사용하던 재화의 공급이므로 부가가치세 과세 대상이 아니다. 허나 부동산 매매업의 부동산은 재고 자산을 공급하는 것으로 부가가치세가 과세되며 다만 전용면적 85㎡이하의 경우 면세 대상이므로 85㎡ 초과하는 주택의 매매에 대해서만 과세 대상이 된다.

오피스텔의 경우 사무실과 주거를 모두 사용 가능하도록 건축한 건물이다. 이를 세금 관점에서 해석하면 과세 사업과 면세 사업에 모두 사용 가능하다는 의미가 된다. 그렇기 때문에 이에 대한 판단은 실질 사용에 따라 부가가치세 과세 여부를 판단하여야 할 것이다. 일반적으로 오피스텔은 분양 시 과세 대상으로 부가가치세를 거래 징수하고 매수인은 일반 사업자등록을 신청하고 부동산 매매 시 부가가치세 흐름에 따라 신고 후 환급을 받는다.

문제는 이를 사무실로 사용하는 경우에만 과세 대상이고 주거용으로 사용하는 경우에는 면세 전용에 해당하여 앞서 설명한 바와 같이 환급받은 부가가치세를 모두 반환하여야 함은 물론 처음부터 면세 사용 시 당초 부가가치세의 환급 신청이 잘못된 것이므로 이에 대한 가산세까지 물어야 하는 것이다.

상당수의 오피스텔 소유자들이 공실을 주장하며 부가가치세 환급받은 것을 반환하지 않고 유지시키려고 하는데 국세청에서는 수년 전부터 오피스텔에 대해서 건물별로 관리비 부과내역(전기요금, 수도요금, 가스요금 등)을 받아 전수조사를 하여 공실에 대한 소명으로 요구하고 소명을 하지 못할 때는 부가가치세를 추징하고 있다. 그러므로 오피스텔에 대해서 사용 목적에 대해서 적합한 신고를 해야 할 것이다.

비거주자와 거래하는 경우

조 씨는 외국 국적의 재외동포가 소유한 건물을 매입하고자 계약하였다. 조 씨는 비거주자와의 거래 시 원천징수해야 하며 이러한 거래 시 보통은 중도금을 지급하는 시점에 양도 소득세를 신고, 납부하는 거라는 부동산중개인의 이야기를 듣고 사실 확인을 위해서 상담을 요청하였다.

국내 거주하지 않는 외국인, 재외국민, 외국법인의 경우 국내 소재하는 부동산을 매매 후 당해 거래에 대한 양도 소득세를 신고, 납부하지 않고 본국으로 돌아가는 경우 우리나라의 입장에서는 세금을 받아내기가 쉽지 않다. 그러한 이유로 소득세법에서는 이러한 비거주자와 부동산을 거래하는 경우 매수자가 대금을 지불하면서 원천징수(대금을 지급할 때 국세청을 대신하여 법정비율의 금액을 상대에게 지급하지 않고 세금으로 납부하는 제도이다. 예를 들어 급여를 받을 때 일부를 공제하고 받는 것이 바로 원천징수다)를 통해서 양도 소득세를 납부하도록 하는 규정을 안전장치로서 마련하였다. 따라서 비거주자와의 거래 시 조세채권의 확보를 이유로 양수자가 원천징수를 하여야 하며 원천징수는 최종 잔금일에 잔금 지급 시 양도가액의 10%, 필요 경비가 확인되는 경우 양도차익의 25% 중 적은 금액을 원천징수하여야 한다.

다만, 양도자가 잔금 전에 양도 소득세를 신고하고 납부를 완료하여 그에 대한 확인 서류를 양수인에게 제출하는 경우에는 원천징수를 하지 않아도 된다. 조세채권이 이미 확보되어 원천징수의 이유가 없어졌기 때문이다.

이렇게 비거주자와의 거래 시 개인이 이러한 규정에 대해서 알고 있기란 쉽지 않은 일이며 그 책임을 세법에 무지한 개인에게 묻는다는 것 또한 납세자의 입장에서는 다소 억울할 수 있다. 아무리 납세의 의무가 국민의 의무이지만 이는 과도한 납세협력 의무라고 느낄 수 있다. 그러한 이유로 2007년 1월 1일부터는 양수자가 개인인 경우에는 원천징수 의무를 면제하는 것으로 세법이 개정되었다. 다만 내국법인, 외국법인인 경우에는 여전히 원천징수 의무가 있다.

이번에는 조 씨에게 부동산을 매도하는 비거주자가 나에게 상담을 요청하였다.

"원천징수를 안 한다고 해도 비거주자의 경우 잔금 전 신고를 하고 납부를 해야 할 의무가 있다고 하고, 다들 그렇게 하는 거라는데, 그럼 중도금을 받은 걸로 납부를 해야 하는 건가요?"

국세청은 개인의 원천징수 의무를 면제하지만 비거주자의 조세채권 확보에 있어서 또 하나의 안전장치가 있다. 부동산 매도 시 매도용 인감증명서를 구청이나 주민센터에서 발급받아야 하는데 이때 재외국민의 경우 관할 세무서에서 확인받은 확인서를 제출하여야 인감증명서를 발급받을 수 있다. 이를 '재외국민 인감경유'라고 한다.

실제는 조세채권을 확보하기 위해 잔금 전 신고와 납부를 세무서에서 확인하고 거래를 마무리할 수 있게 하기 위한 장치라고 할 수 있다. 결과적으로는 인감증명서를 발급받아 등기를 이전하기 위해서는 모든 세금을 완납하여야 하는 것이다.

조 씨와 거래한 비거주자의 경우 관할 세무서에 확인해보니 재외국민 인감경유 없이도 인감증명서를 발급받을 수 있으므로 거주자와 동일하게 신고 납부하면 된다는 안내를 받았다. 이는 비거주자라도 그 종류가 다양하므로, 국내 주소지가 존재하거나 국적이 존재 하는 등 일부의 경우 세무서의 재외국민 인감경유 확인서 없어도 발급이 가능하기 때문이다.

따라서 비거주자인 경우 관할 세무서나 주민센터에서 확인한 뒤, 확인서가 꼭 필요한 경우에만 재외국민 인감경유를 하고 그렇지 않은 경우에는 거주자와 동일하게 잔금일의 2개월의 마지막 날까지 신고 및 납부를 하면 된다.

2장

이것을 모르면 세금 문제가 발생한다

양도 소득세
비과세 적용
탐구

부동산에 대한 여러 규정 가운데 최고의 절세는 단연 비과세 규정이다. 비과세란 국가가 과세권을 포기하고, 발생하는 세금에 대하여 과세하지 않는 것을 의미한다. 여러 비과세 감면 규정 중 부동산 관련 대표적인 비과세는 '1세대 1주택 비과세'이다. 주택은 국민의 거주와 직접적인 관련이 있기 때문에 소득세법에서는 비과세 이외에도 혜택들이 주어진다.

주택에 대한 비과세 규정이 있는 이유는 다음과 같다. 거주하는 주택을 양도하고 다른 주택으로 이주하는 경우 발생하는 양도 차익에 대해 과세하면 보유하는 재산이 감소하고, 기존에 보유하던 주택보다 경제적 가치가 낮은 주택으로 이주해야 한다. 이러한 불합리성 해소와 주거 안정을 위해서 일정한 1주택에 대하여 비과세 규정을 두고 있는 것이다.

다음의 세 가지 요건을 갖춘 경우에 비과세를 적용한다.

① 1세대

② 1주택

③ 2년 이상 보유

세 가지의 조건을 모두 만족한 경우에 한하여 비과세가 적용된다.

비과세를 위해서는 각각의 요건에 대한 내용을 알아야 한다. 또한 각자의 요건을 만족하지 못하는 부득이한 사정이 발생할 때 이를 잘 활용한다면 많은 절세 효과를 볼 수 있다.

허 모 씨는 주택 1채를 2년 이상 보유하고 양도하였다. 본인 스스로 비과세라 판단하고 신고를 하지 않았는데 국세청에서 양도한 부동산에 대한 신고 안내문을 받았다. 관할 세무서에 연락하니 주택이 2채가 있으니 비과세를 적용할 수 없다고 했다. 알고 보니 장모님과 함께 거주하며 같은 주소 아래 주민등록이 되어 있는데 장모님도 주택을 1채 보유하고 있었고 허 씨는 그 사실을 전혀 모르고 있었던 것이다. 허 씨가 비과세의 조건 중 '1세대'의 개념을 제대로 이해하고 있었다면 아마도 사전에 준비하여 비과세를 적용받고 아깝게 세금을 내는 일은 없었을 것이다.

　1세대 1주택 비과세 규정에서 1세대라 함은 본인과 배우자 및 생계를 함께하는 가족을 말한다. 본인과 배우자는 세대의 기본 구성 단위이다. 그렇기에 배우자는 다른 곳에 거주하여 세대를 달리 하는 경우에도 동일 세대원으로 본다.

　배우자가 없는 경우 1세대로 보지 않는데 다만 다음의 일정한 사유에 해당하는 경우에는 이를 1세대로 본다.

　① 배우자와 이혼 또는 사별한 경우

　② 30세가 넘는 경우

　③ 20세가 넘는 경우로써 당해 주택을 유지, 관리할 수 있는 소득이 있는 경우

　또한 배우자 이외의 '**생계를 함께하는 가족**'은 주민등록상에 기재되어 있는 가족을 말한다. 구체적인 범위는 **본인, 배우자, 본인의 직계존속**(부, 모, 조부, 조모 등) 및 **직계비속**(자녀, 손자녀 등), **배우자의 직계존속, 본인의 형제자매, 배우자의 형제자매, 직계비속의 배우자**(며느리, 사위)다. 또한 본인 또는 배우자의 형제자매의 배우자(형 또는 남동생의 부인 ,자매의 남편, 처남의 부인, 처형 또는 처제의 남편, 시동생 노는 시아주버니의 부인, 시누이의 남편 등이 이에 속한다)는 생계를 같이 하는 경우에도 동일 세대원(동일 세대원 정리)에 해당하지 않으므로 이들의 주택 수는 포함하지 않

는다.

1세대를 판단하는 기준일은 양도시점(잔금 청산일, 등기 접수일 중 빠른 날)이다. 그러므로 동일 세대원에 해당하는 자가 주택을 소유하고 있어 비과세를 적용받지 못하는 경우, 당해 세대원(배우자 등 단독 세대를 구성할 수 없는 경우 제외)을 적극적으로 세대 분리하여 주택 수가 1개가 되도록 하면 1세대 1주택 비과세 규정을 적용할 수 있을 것이다.

다만, 세대의 분리를 함에 있어서 실질적인 세대 분리가 아닌 서류상으로만 주민등록을 이전하여 세대를 분리한 경우 이는 실질적으로 동일 세대원으로 보아 1세대 1주택 비과세를 적용할 수 없다. 또한 1세대 1주택 비과세를 적용받기 위해서 일시적으로 분리 후 다시 세대를 합치는 경우에도 일시적 조세 회피를 위한 세대 분리로 보아 1세대 1주택 비과세를 적용하지 않는다.

송 모 씨는 주택을 A, B 2채를 보유하고 있었다. 그중 A 주택을 양도하게 되었는데 양도일 당시 A주택 보유 기간이 2년 7개월이었고 B주택 보유 기간이 2년이었다. 송 씨는 B주택을 취득한지 3년이 경과 하지 않았으므로 먼저 취득한 A주택은 비과세 특례 규정 중 대체 취득을 위한 일시적 2주택에 해당하여 비과세가 되는 것으로 판단하고 비과세로 양도 소득세를 신고하였다. 그런데 관할 세무서에서는 A주택 취득 후 B주택의 취득까지

의 기간이 1년 이내이므로 이는 대체 취득으로 인한 일
시적 2주택 비과세 특례 규정을 적용할 수 없으므로 비
과세에 해당하지 않는다는 안내를 해주었다.

송 씨가 비과세 규정을 이해하고 취득 전에 상담을 미리
받아서 취득 시기를 조절할 수 있었다면 내지 않아도 될
세금을 납부하는 일은 없었을 것이라 안타까울 뿐이다.

1세대 1주택 비과세 규정에서 1주택이라 함은 앞서 설명한
동일 세대원의 모든 주택 수의 합계가 1주택인 경우에 비과세를
적용받을 수 있는 것이다. 다만, 부득이한 사유로 인하여 2주택
이 되는 경우가 발생할 수 있는데 소득세법에서는 이에 해당하
는 주택이 있는 경우 당해 주택을 주택 수에서 제외하여 비과세
주택을 판단하여 적용한다. 그 대표적인 예는 다음과 같다.

① 대체 취득을 위한 일시적 2주택

② 상속 주택

③ 농어촌주택(귀농주택, 이농주택)

④ 세대 합가(혼인, 동거봉양)

이중 가장 많은 사례는 대체 취득으로 인한 일시적 2주택 특
례일 것이나. 1세대 1주택 비과세 규정은 앞서 언급한 바와 같이
주거 안정과 부의 축소를 막기 위함이다. 그런데 종전 주택(A)을
처분하고 그 후에 신규 주택(B)을 취득하려고 하나 경기불황 등

사정에 의해서 보유 중이던 주택이 처분이 안 되는 경우도 발생할 수 있다. 이러한 경우가 발생하면 역시 그 양도의 시기가 달라 일시적으로 2주택이 될 뿐 결과적으로 주택이 1주택만 유지됨은 동일한 것이다. 그리하여 이러한 경우 1세대 1주택 비과세를 적용한다.

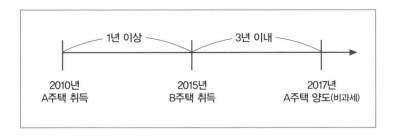

다만, **일시적 2주택 상태의 기간에 대하여 소득세법에서는 보유중인 종전 주택(A)의 양도시점에 신규 주택(B)의 보유 기간이 3년 이내인 경우**에만 대체 취득을 위한 **일시적 2주택 비과세 특례를 적용**하는 것이다.

또한 이를 적용함에 있어서 유의해야 할 사항은 대체 취득으로 인한 일시적 2주택의 신규 주택(B)의 보유 기간은 3년이지만 비과세의 보유 기간이 2년으로 비과세를 적용하기 위한 보유 기간이 1년이 더 짧다. 그래서 송 씨의 경우와 같이 종전 주택(A)의 취득 후 7개월 뒤 신규 주택(B)을 취득하면 비과세를 3년의 기간 내에 모두 충족하는 경우가 발생할 수 있게 된다. 이러한 문제가 불합리함을 사전에 방지하고자 소득세법에서는 **종전 주택과 신**

규 주택의 취득 시기가 1년 이상인 경우에 한하여 종전 주택의 대체 취득을 위한 일시적 2주택 비과세를 적용한다. 그렇기에 취득 시 이를 반드시 사전에 검토하여야 한다.

오 모 씨는 다가구 주택을 보유하고 있었으며 본인은 다른 주택을 임차하여 거주하고 있었다. 그러던 중 다가구 주택을 처분하게 되어 양도 소득세에 관련하여 상담을 받고 싶어 하였다.

"다가구 주택은 1개의 주택으로 보기 때문에 비과세가 가능하잖아요. 그런데 내가 그 집에 거주하지 않아서 비과세 규정을 적용받지 못한다고 하더라고요. 몇 년 전에도 과천에 있는 아파트를 양도할 당시 당연히 비과세라고 생각하고 비과세로 신고했다가 관할 세무서에서 주택에 거주하지 않았기 때문에 양도 소득세를 납부하여야 한다는 안내문을 받고 가산세까지 납부했거든요."

비과세는 2년 이상 보유한 주택에 대해서만 적용한다. 다만 다른 요건과 마찬가지로 이민, 출국으로 세대원 전원이 해외로 이주하는 경우, 공익사업을 위한 수용 등 일정한 사유가 발생하는 경우 보유 기간의 특례를 적용한다.

또한 2011년 6월 2일 이전 서울, 과천, 분당, 일산, 산본, 평촌, 중동에 있는 주택을 양도한 경우 2년 이상 해당 주택에서 거주한 경우에 한하여 비과세 규정을 적용받을 수 있었다. 오 씨가 과천 아파트를 양도한 시점이 이때였던 것으로 추정된다. 하지만 이 규정은 현재는 적용하지 않기 때문에 해당 주택에서 거주하지 않은 경우에도 2년 이상 보유하였다면 비과세를 적용받을 수 있다. 따라서 오 씨 또한 다른 조건을 만족한다면 1세대 1주택 비과세를 적용받을 수 있다.

정부에서는 2017년 8월 3일 이후 조정 대상지역(서울, 과천, 세종, 성남, 하남, 고양, 광명, 남양주, 화성 동탄2, 부산 해운대, 부산 연제, 부산 동래, 부산 부산진, 부산 수영, 부산 남, 부산 기장군)에 속하는 주택을 취득하는 경우에는 2년 거주를 필요로 하는 내용의 개정이 예정되어 있다. 따라서 기본 골조가 되는 앞의 내용을 명확하게 습득한 후 개정된 내용(부록 편 참고)을 반드시 확인하고 적용해야 한다.

1세대 1주택 비과세 규정은 절세할 수 있는 가장 효과적인 방법 중 하나임에 틀림없다. 다만, 그 규정을 적용함에 있어서 특례 규정이 존재하므로 이를 잘 알고 적용해야 한다. 또한 이러한 규정은 일정한 조건을 모두 만족해야 함을 반드시 염두해야 한다. 그러기에 반드시 사전에 전문가와 상담을 하는 것이 내 재산을 지키는 지름길이 될 것이다.

56

소득세
누진세율
구조 탐구

여름이면 밤마다 찾아오는 열대야에 밤잠을 설치는 이들이 많다. 에어컨을 켜고 싶지만 전기요금 폭탄이 무서워 쉽사리 켜지 못한다. 매 여름이면 무더위만큼이나 잦게 나오는 말이 전기요금 폭탄이다. 우리의 전기요금 부과 체계는 누진방식으로 사용량이 많은 사람에게 비례적으로 계산한 것보다 더 많은 전기 사용료를 부과하는 방식이다.

소득세법의 세율도 이러한 누진세율 방식을 사용하고 있다. 10의 소득이 있는 경우 1의 세금을 낸다면 20의 소득에 대해서는 2의 세금을 내는 것을 비례세율 방식이다. 누진세율 방식은 10의 소득이 있는 경우 1의 세금을 낸다면 20의 소득에 대해서는 3 또는 4의 세금을 내는 것이다.

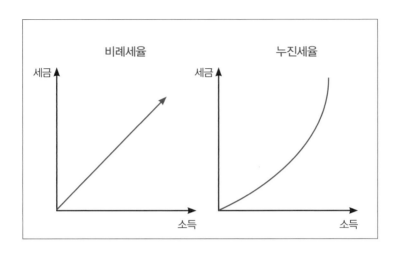

소득세법에서 이러한 누진세율 방식을 사용하는 이유는 소득(담세력)이 높은 자에게서 많은 세금을 걷고 낮은 자는 비교적 낮은 세금을 걷어 부의 재분배를 이루기 위해서다. 누진세율은 양도 소득세, 종합 소득세, 퇴직 소득세 등 소득세 전반에서 사용되고 있는 세율 체계이다.

다음 표에 누진세율이 어떤 것인지 실제 금액으로 예를 들어 보았다. 쉬운 비교를 위해 소득이 2배씩 증가하는 상황을 가정하고 기타 공제는 생략한다. 가장 큰 특징을 눈치 챌 수 있는가. 바로 소득이 많아짐에 따라 세액이 늘어나는 크기가 상상을 초월한다. 소득이 1,000만 원에서 8,000만 원으로 상승하면 소득은 8배이지만 세금은 23배가 더 많아진다.

소득별 세액비교

소득 금액	소득세율	세액
10,000,000원	6%	600,000원
20,000,000원	15%	1,920,000원
40,000,000원	15%	4,920,000원
80,000,000원	24%	13,980,000원

명의 분산을 통한 절세

은 모 씨는 작은 건물을 하나 신축해서 분양하려고 계획 중이다. 어떻게 하면 차후 양도 시 소득세를 줄일 수 있는지에 대해서 문의했다. 건물을 모두 분양 시 예상 수익은 2억 정도를 계획하고 있었다. 이 경우 절세할 수 있는 방법은 무엇일까?

2억 원의 소득이 발생하는 경우 예상되는 소득세액은 5,660만 원이다. 앞서 설명한 바와 같이 이는 소득세법상 소득세율이 누진세율이기 때문이다.

위의 표에서 알 수 있듯이 소득이 늘어남에 따라 소득세는 더욱 가파른 속도로 증가한다. 그렇다면 반대로 소득이 낮을수록 세금도 가파른 속도로 감소할까. 맞다. 절세가 가능한 것이다. 따라서 은 씨의 경우 당해 건물 분양에 대해서 2명 또는 4명이 공동으로 사업을 진행한다면 동일한 소득에서 명의를 분산한 것 만으로도 큰 절세 효과를 볼 수 있을 것이다.

구분	단독 사업	2인 공동	4인 공동
1인 소득 금액	200,000,000원	100,000,000원	50,000,000원
세율	38%	35%	24%
소득세액	56,600,000원	20,100,000원	6,780,000원
총 소득세액	56,600,000원	40,200,000원(2인 합)	27,120,000원(4인 합)
절세 액	-	16,400,000원	29,480,000원

물론 이렇게 소득을 분산하기 위해서는 이를 취득 당시부터 염두에 두고 공동명의로 취득해야 한다. 부동산을 부부 공동명의로 취득하는 경우를 흔히 볼 수 있는데 그 이유가 위의 경우처럼 소득을 쪼개 절세 효과를 볼 수 있기 때문이다. 다만, 작은 부동산을 여러 개 가지고 있는 경우라면 그 모든 부동산을 부부 공동명의로 하는 것도 업무의 절차상 쉬운 일은 아닐 것이다. 따라서 4개의 부동산을 가지고 있다면 2개는 남편이 2개는 부인이 분산하여 취득하고 고르게 양도한다면 위와 유사한 절세 효과를 볼 수 있을 것이다.

양도 시기 분산을 통한 절세

연 모 씨는 7개의 소형 다세대 주택을 보유하고 있는데 이중 1개를 처분하였고 그중 3개를 더 처분하려고 한다. 예상 수익은 하나의 부동산에서 1,500만 원 정도를 계획하고 있다. 이를 처분할 때 세금이 어떻게 나오는

지와 절세할 수 있는 방법에 대해 상담하였다.

이미 명의 분산을 통해 각각 부동산의 보유 수를 나누었지만 그래도 여러 개의 부동산을 본인 명의로 보유하고 있는 경우에는 양도 시기를 각각 달리하여 그 시간을 분산하는 것이 좋다. 소득세율 적용은 1년을 단위로 하여 1월 1일~12월 31일까지의 모든 소득을 합산하여 계산한다. 이때 연도별 합산이므로 연도를 달리하는 경우에는 그 소득세율을 각각 적용하는 것이다.

시기를 달리하여 절세

구분	한 해 모두 처분	2개 연도 처분
연간 소득 금액	60,000,000원	30,000,000원
세율	24%	15%
소득세액	9,180,000원	3,420,000원
총 소득세액	9,180,000원	6,840,000원(2개 연도 합)
절세 액	-	2,340,000원

비슷한 사례로 이러한 경우가 발생할 수 있다. 연말에 2개의 부동산을 모두 양도하여 계약하게 된다면 그 계약서에 1개는 12월에 잔금을 하고 나머지 1개는 다음연도 1월에 잔금을 치룬다면 그 양도 시점은 잔금일 기준이므로 앞서 말한 바와 같이 연도별로 구분하여 계산하므로 직은 시간을 분산시켜 큰 절세 효과를 볼 수 있다.

단기 매매에 따른 양도 소득세

함 모 씨는 아파트를 분양받아 계약금을 납입하고 중도 금은 대출을 받아서 납부하고 있었다. 입주가 임박하게 되었는데 자금의 문제가 있어 잔금을 치를 수 없는 상황이었다. 그래서 할 수 없이 아파트 분양권을 전매하였다. 그동안 부동산 시세가 올라 약간의 소득이 발생했다. 함 씨는 분양권 전매도 양도 소득세를 신고해야 한다는 말을 듣고 관할 세무서에 방문하였는데 관할 세무서에서는 소득 금액의 40%를 양도 소득세로 내야 한다고 했다.

양도 소득세에서는 2년 이내 단기 매매에 대해서 이를 부동산 투기로 보아 세율을 달리 적용한다.

양도 소득세 세율 체계

	주택 외	주택
1년 이하	50%	40%
2년 이하	40%	
2년 초과	누진세율	
미 등기자산	70%	

함 씨는 아파트 분양권을 매매하였는데, 분양권은 완공하여 잔금까지는 주택이 아닌 부동산에 관한 권리에 해당한다. 또

한 함 씨는 보유 기간이 1년 11개월 20일로 2년 미만에 해당하여 40%의 세율을 적용할 수밖에 없었다.

이 사실을 알고 함 씨는 잔금 시기를 10일 정도 늦추어 진행할 수 없냐고 매수인에게 부탁하였지만 매수인과 협의가 되지 않았다. 함 씨가 단기 매매 시의 세율을 정확히 알고 있었다면 계약 작성할 때 잔금을 2년이 지나는 시점으로 잡았을 것이고 그러면 내지 않아도 될 세금을 그리 많이 내는 일도 없었을 것이다.

손실 부동산과 이익 부동산의 양도 연도를 같게 절세

인 모 씨는 여러 개의 부동산을 보유하고 있었다. 부동산을 투자는 경우 모든 부동산에서 수익을 본다면 좋겠지만 일부 부동산에서는 손실을 보는 경우도 종종 발생한다. 인 씨의 경우가 그랬다. 손실을 볼 것으로 예상되는 부동산을 아까워 팔지 못하고 있었다. 하지만 부동산을 보유하는 것만으로도 매년 꽤 큰 세금을 내야 하는 것이 고민이었다. 그래서 인 씨에게 부동산 중 향후에도 계속 이익을 보기 힘들다고 판단되는 부동산을 처분 시, 차익이 높은 부동산과 동일 연도에 처분하면 세금을 절세할 수 있다고 안내하였다.

앞서 말한 바와 같이 양도 소득세는 소득을 연도별로(1월 1일부터 12월 31일까지) 합산하여 양도 소득세를 계산한다. 이때 손실을 보는 부동산이 있는 경우 당해 손실금액은 동일 연도 이익에서 차감하여 계산한다. 그렇기에 손실이 예상되는 부동산은 이익이 많은 부동산을 처분하는 연도에 같이 처분하면 이익을 줄일 수 있고 양도 소득세도 절세할 수 있다.

이를 계산하는 구분은 연도별 계산으로 연도가 다른 손실은 차감할 수 없다. 예를 들어 12월에 5,000만 원의 손실이 발생한 부동산을 처분하고 다음 연도 1월에 1억 원의 이익이 나오는 부동산을 처분하거나 또는 반대의 경우로 12월에 이익을 다음 연도 1월에 손실을 본다 하더라도 이 둘은 통산할 수 없다. 이들은 각각 연도별로 계산되며 손실을 본 부동산의 손실액은 소멸한다. 그렇기에 손실이 예상되는 부동산은 더 큰 이익이 발생하는 부동산을 처분하는 연도에 양도하여 그 손실에 대한 절세 효과를 보는 것이 좋다.

부동산에 대한 세율은 누진세율과 단기 매매세율 두 가지의

누진 세율과 누진 공제

소득금액	세율	누진공제
12,000,000원 이하	6%	
46,000,000원 이하	15%	1,080,000원
88,000,000원 이하	24%	5,220,000원
150,000,000원 이하	35%	14,900,000원
500,000,000원 이하	38%	19,400,000원
500,000,000원 초과	40%	29,400,000원

구조에 대해 이해한다면 그 양도 시기의 분산, 명의의 분산 그리고 손실은 이익에서 차감한다는 것을 적절히 활용하는 것만으로도 많은 절세 효과를 볼 수 있다. 그렇기에 항상 사전에 계획하고 상담을 받는 것이 중요하다.

양도 소득세 계산 시 알아야 할 것

앞서 1장에서 이야기한 바와 같이 소득세법에서는 개인이 부동산 및 부동산에 관한 권리를 양도하는 경우 양도일로부터 2개월이 되는 달의 마지막 날까지 양도 소득세를 계산하여 신고 납부하도록 되어 있다. 양도 소득세는 부동산을 보유하고 처분함에 있어서 가장 많은 관심을 받고 있는 세목이라고 생각한다. 하지만 관심도와는 다르게 양도 소득세를 계산하는 방식이나 가능한 비용들을 잘 알지는 못하는 것으로 보인다.

물론 국세청 홈텍스(www.hometax.go.kr)에서는 양도 소득세를 계산해주는 서비스를 제공하고 있으니 편하게 이를 이용하는 것도 좋은 방법이지만 의사 결정을 함에 있어서 계산의 메커니즘을 이해하는 것이 필요하다.

양도 소득세는 양도로 인하여 발생하는 소득에 부과하는 세금이다. 흔히 말하는 **시세 차익을 기준으로 계산하는 것이다.** 투자의 관점에서 본다면 해당 부동산에 지출하는 모든 비용을 이익에서 차감하는 것이 수익이 될 것이다. 하지만 그것은 투자 수익을 계산하기 위함이고 소득세법상 양도 소득세상의 양도 소득 금액은 지출하는 모든 비용이 아닌 소득세법에서 규정하고 있는 비용만을 양도가액에서 차감하도록 되어 있다.

소득세법에서 규정하는 비용은 '취득가액'과 '필요 경비'로 나뉘어져 있다. 취득가액은 당해 부동산을 취득하는데 직접 지출한 경비를 말한다. 매매로 취득하는 경우 매매계약서상의 매매가액을, 상속 또는 증여를 통해 무상으로 취득하는 경우 상속가액 또는 증여가액이 될 것이다. 경매로 인해 취득하는 경우 경락가액이 취득가액이 된다. 여기에 취득세, 소유권 이전 등기에 소요되는 수수료, 채권의 할인액, 취득 시 발생할 수 있는 중개수수료, 킨설딩 비용, 소유권 확보를 위한 쟁송비용 등 취득을 하기 위해 소요되는 모든 경비가 취득가액에 해당한다. 다만, 소유권 확보와 관련이 없는 명도비, 이사비 등은 취득가액에 해당하지 아니한다.

필요 경비는 취득 이후 발생하는 비용으로 양도 시 발생하는 중개수수료 및 보유 기간 중 해당 부동산의 내용 연수를 증가시키고 자산의 가치를 상승시키는데 기여하는 자본적 지출이 필요 경비에 대상한다.

자본적 지출에 대해서 소득세법에서는 구체적으로 예시 하지 않으나 대표적인 것들은 다음과 같다.

① 증축 또는 리모델링 공사 비용

② 베란다 샷시 교체 공사

③ 방 또는 거실 베란다 확장 공사

④ 화장실 전면 교체 공사

⑤ 난방시설(보일러)교체 등

⑥ 자산의 가치를 실제적으로 증가시키는 공사

또한 다음의 것은 수익적 지출이라 하여 필요 경비에 해당하지 않는 것인데 주로 자산의 가치 상승보다는 부동산의 본래의 기능을 유지하는 정도의 수선 비용 등이 여기에 해당한다.

① 벽지 및 장판 교체

② 문, 문틀 도색 또는 교체

③ 타일 또는 수전 교체

④ 보일러 또는 수도설비 수리

⑤ 내부 및 외벽 도색 작업

⑥ 세탁기 등 가전제품 구입

여기에 보유 기간 중 발생한 이자 비용, 대출금 상환, 재산세, 종합 부동산세 등에 대해서도 필요 경비로 인정하지 않는다. 이

부분에 대해서 지출된 경비이고 투자의 관점에서는 분명 비용이지만 앞서 언급한 바와 같이 소득세법상 양도 소득세를 계산함에 있어서는 이를 비용으로 보지 아니하므로 상기 비용들은 아무리 많은 비용이 지출되어도 양도 소득세를 절세할 수 없다.

장기간 보유한 부동산의 경우 수년에 걸쳐 발생한 소득에 대해서 일시에 누진세율을 적용하면 세 부담이 일시에 매우 커지게 되는데, 소득세법에서는 이를 고려하여 장기보유특별공제를 적용한다. 양도 자산의 보유 기간이 3년 경과하는 경우 보유 기간에 대해서 연간 3%의 양도 차익에서 공제해주며 최대 비율은 10년 동안 30%이다. 2019년 1월 1일 이후 양도하는 경우에는 보유 연도의 2%를 공제하며 최대 15년으로 30%를 공제 받을수 있다.

양도 소득세는 양도가액과 취득가액의 차이 즉, 양도로 인한 소득에 대해서 과세하는 세금이다. 하지만 투자의 관점에서의 비용과 소득세법에서 인정하는 비용은 분명히 나르다. 그러므로 절세를 하기 위해서는 이에 대한 인지가 필요하다. 또한 이를 인정받기 위해서는 반드시 관련 증빙서류와 대금지불을 증명할 수 있는 자료를 갖춰 신고해야 적용을 받을 수 있으니 사전에 준비가 필요할 것이다.

아울러 2016년 1월 1일 이후 발생하는 자본적 지출에 해당하는 필요 경비를 인정받기 위해서는 반드시 세금계산서, 신용카드, 현금영수중 등의 적격증빙을 갖추는 경우에 한하여 가능하므로 이러한 증빙 서류를 놓치지 않는 것이 절세를 하는 지름길이다.

양도 소득세 계산구조

내역	금액
	양도가액
(−)	취득가액
(−)	필요 경비
(=)	양도 차익
(−)	장기보유 특별공제
(=)	양도 소득금액
(−)	양도 소득기본공제
(=)	과세표준
(×)	세율
(=)	양도 소득세

2018년 개정 내용 체크

1. 2018년 04월 01일 이후 양도하는 경우에는 양도비(중개수수료등)에 대해서도 적격증빙을 받은 경우에 대해서만 이를 양도차익에서 차감하는 필요경비로 본다.

2. 명도비용 중 매매계약상의 인도의무를 이행하기 위해 양도자가 지출한 명도소송비 등 명도비용은 양도차익에서 차감하는 필요경비로 본다.

70

비사업용
토지 탐구

차 모 씨는 10년 이상 토지를 보유하고 있었다. 빈 공터로 아무 용도로도 사용하고 있지 않았다. 그러던 중 적당한 매수인을 만나 2016년 토지를 매매를 하였다. 그리고 세금을 계산하기 위해 사무실을 방문하였다.

그 토지는 대지로써 주택이나 상가 등을 신축할 수 있는 토지였다. 하지만 매매 당시 어떠한 용도로도 사용하지 않는 비사업용 토지에 해당하였다. 더욱이 2016년 당시에는 장기보유특별공제를 적용할 수 없어서 차 씨의 세 부담은 가중될 수밖에 없었다(2017년 이후부터는 장기보유특별공제를 받을 수 있다).

홍 모 씨는 충청도 소재 농지를 2000년대 초반에 취득하였다. 홍 씨는 인천에서 거주하며 사업을 하고 있다. 당해 농지는 다른 사람에게 임대하여 농사를 짓고 임대료를 받고 있었다. 홍 씨는 현재 매매를 한다면 어떻게 될 것인지 궁금해 하였다.

농지는 그 지역에 거주하면서 스스로 경작을 하는 것을 사업용 사용의 요건으로 하고 있다. 홍 씨는 그 요건을 모두 지키지 않았으므로 지금 처분한다면 비사업용 토지의 중과 세율로 세금을 납부하여야 한다.

토지는 각각의 지목에 따라서 농지, 임야, 대지의 큰 범위로 나누어지고 각각의 **토지는 사용하는 방식이 정해져 있다.** 소득세법에서는 각 토지에 대해서 투기의 수요를 억제하고 목적에 맞는 효율적 사용을 위해서 요건에 맞지 않는 토지에 대해서 비사업용 토지로 보아 사업용 토지와 구별하여 소득세법의 누진세율에 10%를 가산한 중과의 세율로 규제하고 있다.

현 규정은 2007년 다주택자 중과제도와 함께 시행된 것이다. 당시 60%의 어마어마한 세율로 양도 소득세를 납부해야 하는 이 규정은 시장에 큰 파장을 주었다. 비사업용 토지 규정에 해당하는 토지 등을 양도한 사람은 양도 후 어마어마한 세금 폭탄을 떠안게 되었다. 하지만 이후 세계 경기 위기로 부동산 경기가 위축되고 한시적으로 적용을 유보하기에 이르렀고 2016년부터 누진세율에 10%를 가산하는 수정된 규정으로 다시 중과 규정을 적용하였다.

10%를 가산한다는 것은 누진세율에 10%를 더한 세율을 비사업용 토지의 양도 소득세율로 하는 것이다. 쉽게 생각하자면 일반적인 양도 소득 금액에 누진세율을 적용하여 계산한 세액에 양도 소득 금액에 10%를 곱해서 나오는 세액을 한 번 더 내는 거라고 생각하면 된다. 예를 들어 1억 원이라면 남들보다 1,000만 원 더 내는 것이다. 주민세까지 생각한다면 1,100만 원을 더 내는 것이다. 그러니 비사업용 토지라면 양도 시 한번 더 생각을 해야 한다.

다만, 2016년 비사업용 토지 규정을 적용하던 당시에는 장기보유특별공제 기간 계산의 시작을 취득 시점이 아닌 2016년부터로 그 이전에 보유한 기간은 모두 무시되는 결과를 가져왔다. 이는 현실적으로 2016년부터 3년간은 장기보유특별공제를 받을 수 없었다. 하지만 다행히도 2017년도 세법 개정 당시 이러한 불합리한 부분을 합리적으로 보완하여 2017년부터 양도 시에는 장기보유특별공제의 계산 시작을 취득 시점으로 개정하여 세 부담이 조금은 줄어들었다.

토지는 앞서 말한 바와 같이 각각에 대해서 사용할 수 있는 목적이 있다. 농지는 농사를 짓는 것이고 임야는 나무를 심고 가꾸는 것이다. 대지는 건물을 지어서 사용하는 것이다. 이에 대해 소득세법에서는 각 토지의 지목별로 사용 용도와 사용 기준을 규정하고 있다. 이하에서는 대략적이고 대표적인 규정을 말할 것이다. 토지는 그 종류가 다양하고 이용하는 방법도 다양하므로 각 토지에 직접 적용하여 판단하는 경우에는 반드시 세무사 또는 국세청에서 상담을 받아야 한다.

농지는 전(밭), 답(논) 등을 말하는데 농작물을 기르는 용도로 사용하는 토지를 말한다. **소득세법에서는 농지의 사업용 판단의 기준을 '재촌', '자경'에 두었다.** 재촌과 자경의 두 가지 기준을 모두 만족하여야 한다.

먼저 재촌은 시, 군, 구 기준 농지의 소재지 또는 연접지, 또는 농지의 반경 30㎞이내에 거주하는 것을 의미한다. 이는 주민등록 초본으로 확인한다. 여기서 반경 30㎞ 이내의 거리는 인터넷 지도를 이용하면 누구나 쉽게 확인할 수 있다. 자경은 본인 스스로 경작하는 것을 일컫는 말로, 배우자 등 가족의 경작은 여기에 해당하지 않는다. 시, 군, 구에 등록된 농지원부, 농협조합원 비료 사용 등 경작을 하고 있음을 증빙할 수 있는 서류를 첨부하여야 한다.

그런데 재촌, 자경의 요건을 모두 갖추고 있지만, 다른 직업이나 직장을 갖은 경우가 있을 수 있다. 이런 경우 실제 경작 여부에 대해서 국세청과 다툼이 있게 된다. 이러한 경우 소득세법에서는 근로 소득(급여) 또는 사업 소득 금액이 3,700만 원 이상인 경우 그 기간 동안은 실제 경작으로 보지 않고 있으니 이점은 반드시 참고하여야 할 것이다.

임야의 사용은 나무를 심고 가꾸는 것이겠지만 소득세법에서는 이에 대한 **규정을 두고 있지는 않으며 사업용 사용은 재촌 (앞서 말한 농지의 재촌과 동일)을 요건으로 하고 있다.** 그러므로 주소지 근방의 임야는 사업용이며 이외의 임야는 비사업용으로 봐야 한다.

대지는 사용 방법이 많을 것이다. 주로 사용은 건물을 두는 것이다. 그래서 **특정 용도를 제외하고는 건물을 두는 것이다.** 여기에는 건물이 가질 수 있는 대지의 최대면적을 각 토지별로 다르게 두고 있다.

토지는 그 지목의 종류가 많고 각각의 **지목에 따라 달리 요건을 정하고 있다.** 하지만 **비사업용 토지의 핵심은 각각 토지가 가지고 있는 본래의 목적에 맞게 사용하고 이를 얼마의 기간 동안 지켜 왔느냐다**(기간에 대한 요건이 있으며 이에 대해서는 후술할 것이다). 이 요건에 해당하지 않는 비사업용 토지에 해당하는 경우 당신은 차액의 10%를 세금으로 더 납부해야 한다. 그렇기에 토지를 보유하고 있거나 보유를 하려고 계획 중이라면 비사업용인지 아닌지 판단해야 할 것이고 또한 비사업용이라면 내가 토지를 이용하려는 방법이 사업용으로 전환할 수 있는 방법인지를 반드시 체크해야 한다. 또한 그럼에도 불구하고 비사업용으로 계속 사용 후 양도 시에는 10%의 세금을 추가로 부담한다는 사실을 인지하여야 할 것이다. 혹은 세무사 또는 국세청에서 상담을 받으며 진행할 것을 권한다.

주택
신축
판매업

부동산을 취득하는 방법으로 대부분은 매매의 방식을 이용한다. 하지만 이외에도 건설을 이용하여 건물을 취득하는 방식이 있다.

건물의 건설은 주택과 주택 외의 건물로 구분하며 그 중 주택을 선설하여 분양하는 사업을 주택 신축 판매업이라 한다. 이는 업종 분류상 건설업에 해당한다. 주택 외의 건물을 건설하여 분양하는 사업은 부동산 매매업에 속한다.

또한 주택 신축 판매업과 부동산 매매업은 모두 사업 소득에 해당하여 송합 소득세를 신고해야 한나.

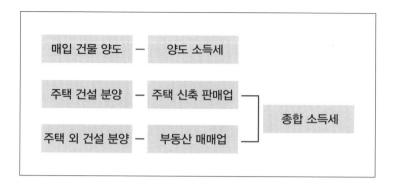

주택 신축 판매업은 단독 주택, 다세대 주택, 다가구 주택, 아파트 등 종류에 구분 없이 주거를 목적으로 하는 건물을 건설하여 분양하는 사업이다. 이 경우 국민주택 규모(85㎡) 미만의 주택의 경우 부가가치세 면세사업자에 해당한다. 여러분이 분양받으며 부가가치세를 별도로 낸 기억이 없다면 여기에 해당하는 주택을 분양받은 것이다.

> 추 모 씨는 단독 주택 부지를 매입하여 신축 분양하는 사업을 하려고 한다. 어떤 신고를 해야 하며 서류는 어떤 것을 준비해야 하는 지에 대해 상담을 받고 싶다고 했다.

추 씨는 국민주택 규모 이하의 주택을 신축하여 분양하는 사업을 원하고 있었다. 이는 부가가치세법상 면세 사업에 해당하고 소득세법상 주택신축판매업에 해당한다.

면세사업자는 2월 10일까지 직전 연도의 분양한 가액 및 소요된 경비들의 세금계산서 등의 가액을 기재한 사업장현황신고를 해야 한다.

사업장 현황신고는 면세사업자의 경우 부가가치세 납부 의무는 없지만 그 대신에 1년간의 매출액과 매입액, 인건비, 기타 필요경비에 소요된 가액 및 당해 금액의 수령 방법(세금계산서, 계산서, 신용카드, 현금영수증, 기타)에 대해서 기재하는 신고로 매우 중요한 신고 중 하나다.

대부분의 사업이 그러하겠지만 건물을 신축하고 분양하는 일은 사업주 혼자의 힘으로는 할 수 없는 일이다. 그렇기에 근로자를 채용하여 업무의 상당 부분을 일임한다. 우리나라 모든 근로자는 매월 급여를 수령하며 이때 일정액의 금액을 차감 후 수령한다. 이러한 행위를 원천징수라고 하며 근로자의 급여에서 차감하는 것을 근로 소득 원천징수라고 한다. 이렇게 차감한 금액은 사업주가 갖는 것이 아니라 급여 지급일의 다음달 10일까지 원천징수 이행 상황신고서에 기재하여 관할 세무서에 신고하고 원정징수한 금액을 납부한다.

원천징수 신고와 사업장 현황신고를 했다면 이를 기본으로 신고 되지 않은 기타의 경비, 이자 비용 등의 금융 비용, 장비 등 유형 자산의 감가상각비 등을 반영하여 소득이 발생한 다음 연도 5월 31일까지 종합 소득세 신고를 해야 한다. 이것은 종합 소득세의 일부분으로 '사업 소득'이라 한다.

종합 소득세는 그 이외에도 이자 소득, 배당 소득, 부동산 임대 소득, 근로 소득, 기타 소득으로 1년간 발생한 소득을 모두 합산하여 신고하는 것이다. 또한 일부 소득에서 결손금이 발생한 경우 다른 소득에서 차감하여 계산할 수 있다. 또한 전체 소득에서 결손금이 발생한 경우 이 결손금은 이월 결손금이라 하여 이후 10년간 발생하는 소득에서 차감할 수 있다.

추 씨에게 이러한 일련의 신고의 흐름에 대해 설명하자 이를 이해하고 돌아갔다. 그리고 얼마 후 다시 사무실을 방문하여 상담을 요청하였다.

"사업을 하다 보니 일하는 인부 등이 하루 일하고 일당만 받고 가버려서 신고를 할 수가 없고, 업무를 하느라 영수증 등 장부를 만드는 등 준비해야 할 것들을 챙기는 시간이 좀처럼 나지 않아요."

그러면서 그는 이런 경우 어찌해야 하는지 그리고 주변에서 동일한 사업을 하는 사람들은 국세청에서 정한 비율이 있으니 굳이 이런 어려운 방법을 하지 않아도 된다는데 정말 안 해도 되는지 물었다.

사업자는 종합 소득세를 신고함에 있어서 세법에서 정한 규정에 따라 장부를 작성하여 이를 신고하는 것이 원칙이다. 다만, 부득이한 사유가 발생하였거나 또는 장부를 만들 여력이 없는 소규모 사업자의 경우 소득을 추정하여 계산하는 방법을 사용하는 추계 신고를 할 수 있다. 이때 추계 신고는 매출액에 일정률을 곱하는 방식으로 계산하는데 국세청에서는 모든 업종에 대해 각각의 일정률을 정하여 매년 고시하고 있다.

이러한 추계 신고 시 장부를 작성할 필요는 없다. 다만, 소규모 사업자가 아님에도 불구하고 추계 신고하는 것을 방지하기 위해 계산 방식에 있어서 제한하는 규정을 두고 있다. 바로 직전 연도 매출액(수입 금액)이 4,000만 원을 초과하는 경우 당해 연도 장부를 작성하지 않고 추계 신고하는 경우 산출세액의 20%에 해당하는 무기장 가산세를 추가로 납부해야 한다. 또한 세법에서는 업종을 3가지로 구분하여 각각의 기준 금액을 정하여 직전 연도 매출액이 그 기준금액을 초과하는 경우 당해 연도의 소득을 추계 신고하는 경우 업종별 추계율(단순 경비율)에 의한 소득 금액에 장부기장의무(간편장부, 복식부기)에 따라 일정 배율을 곱하여 산출된 금액을 소득금액으로 하는 규정이 있다.

그러므로 추계 신고는 그 사용에 있어서 신중해야 하며 사전에 반드시 상담을 받아야 할 것이다. 그렇지 않은 경우 실제 소득보다 더 많은 추계 소득이 계산되어 많은 세금을 내는 경우도 발생할 수 있다.

어 모 씨는 낡은 다세대 빌라를 소유하고 있었다. 빌라는 너무 낡아 매매가 거의 이루어지지 않고 있으며 또한 주변이 모두 재개발이 되는 것을 기다리는 것도 어려운 일이었다. 같은 건물의 다른 소유자들도 비슷한 고민을 하고 있어, 어 씨는 다른 소유자들에게 건물을 멸실하고 토지 위에 신축을 하면 새로운 집을 얻을 수 있고 추가적으로 발생하는 주택을 분양하면 공사비도 충당할 수 있다고 설득하였다.

어 씨와 다른 소유자들이 하는 이러한 사업도 주택 신축 판매업이다. 다만 이러한 재개발 조합 형태의 공동사업은 우리가 알고 있는 지방자치단체에서 인허가를 받고 진행하는 재개발사업과 다르게 본인들의 자의로 행하는 재개발사업이므로 이익은 소득세로 신고하고 공동사업을 시작하면서 양도 소득세 신고를 해야 하는 일이 발생한다(다만, 공사로 인한 추가되는 주택이 없고 조합원이 각각 하나의 주택을 다시 받는 경우에는 양도 소득세를 신고하지 않는다).

먼저 공동사업을 시작하게 되는 그 공동사업자를 하나의 거주자(인격체)론 본다. 그래서 각자가 가지고 있는 토지, 건물을 공동사업자에게 양도하며 또한 양도에 따른 양도 소득세를 신고 납부해야 한다. 양도가 아니고 내 땅 위에 내가 짓는데 왜 양도 소득세를 신고해야 하느냐며 반문하는 경우가 종종 있는데, 앞서 말한 바와 같이 공동사업자는 각개인과 별개의 인격체로 간주하여 공동사업을 시작하는 것을 양도행위로 보아 신고해야 한다. 그렇지 않는 경우 가산세 등의 문제가 발생할 수 있다.

공동사업으로 건물이 완공하게 되면 각 조합원에게 1채씩 돌아가게 되는데 해당 주택은 지분의 반환의 형식이므로 당해 1채의 주택에 대해서는 세금을 신고하지 아니한다. 다만, 공사비 등을 목적으로 추가적으로 건설한 주택의 경우 이를 분양하게 되고 그 분양 대금을 수입 금액으로 하여 주택 신축 판매업에 대한 각종 신고 납부 의무를 지게 된다.

주택 신축 판매업은 부동산 매매업과 그 신고 방식에 있어서 장부에 의한 종합 소득세 신고를 한다는 점에서 많은 점이 유사하다. 하지만 주택 신축 판매업은 건설업(중소기업)에 해당하여 부동산 매매업에 비해 중소기업으로서 받는 혜택이 있다. 그렇기에 이를 적절히 활용한다면 많은 절세 효과를 볼 수 있지만 세법적 의무를 지키기 위해서는 사전에 충분한 검토를 해야 한다.

3장

양도세를
비과세로
해결하는 비법

주택의 부수토지와 비과세

모든 건물은 토지 위에 지을 수밖에 없다. 주택 역시 토지 위에 짓는다. 따라서 1세대 1주택 비과세 규정 적용 시 **주택이 정착하는 토지에 대해서도** 주택과 함께 양도하는 경우 비과세를 적용하는 것이다. 이러한 토지를 우리는 **'주택의 부수토지'**라 한다. 다만, 주택의 부수토지이므로 그 면적에 대해서 일정 범위에 해당하는 경우에 한해서 이를 주택의 부수토지로 보고 있다.

정착면적에 따른 부수토지

지 모 씨는 귀농을 하기 위해 오래 전 농촌에 내려갔다. 보유 중이던 주택을 팔기 위해 세금을 알아보던 중 주택의 면적에 비해 대지의 면적이 넓어 토지는 모두 비과세를 적용받을 수 없다는 관할 세무서의 안내문을 받았다. 지 씨는 어째서 주택과 함께 양도한 토지인데 모두 비과세를 적용받을 수 없는지 의문이었다.

주택은 토지 위에 짓지만 그 토지의 면적에 대한 제한 없이 모두 주택의 부수토지로 보아 비과세 규정을 적용한다면 넓은 대지 위에 작은 집 하나 짓고 모두 비과세를 받으려고 할 것이다.

지 씨의 경우에도 주택의 부수토지라 하기엔 그 토지의 면적이 넓었다. 소득세법에서는 주택에 대한 부수토지의 면적의 기준을 두 가지로 나누어 정하고 있다.

① 도시 지역 5배

② 도시 외 지역은 10배

이렇게 정해진 해당 면적 이내의 토지에 대해서만 주택의 부수토지로 본다. 이때 그 기준이 되는 주택의 면적은 주택의 연면적이 아닌 주택의 **정착면적**(평면도를 모두 겹쳤을 때 나오는 면적, 하늘에서 볼 때 건물이 차지하는 대지의 면적)을 그 기준으로 한다.

연면적에 따른 부수토지

천 모 씨 하나의 필지에 경계 없이 주택 건물과 주택 외 건물이 모두 존재한다. 이 경우 주택에 대해서만 비과세를 받는데 주택의 부수토지는 경계가 명확하지 않아 어떻게 계산을 해야 하는지 궁금하여 상담을 요청하였다.

주거용 건물과 비주거용 건물이 하나의 필지에 함께 정착한 경우 우선 주거용건물과 비주거용건물의 **연면적**(건물의 총바닥면적)을 계산하여 그 면적의 비율에 따라 주거용건물의 대지면적을 구하고 그 다음 산출된 대지의 면적이 주택의 부수토지의 면적 기준에 부합하는지를 따져 보면 된다.

하지만 천 씨의 경우 주택과 함께 있던 주택 외 건물이 천 씨가 농사를 짓기 위해 필요한 농기구와 농기계를 두는 창고였다. 이 경우 농사에 필요한 농기구 창고와 축사 등은 주택의 부수건물로 본다. 따라서 건물은 모두 주거용 건물에 해당하며 건물의 정착면적 대비 대지의 면적이 10배 이내에 해당하여 천 씨는 1세대 1주택 비과세를 적용받을 수 있었다.

여기서 천 씨의 대지면적이 기준을 초과하는 경우 초과하는 토지에 대해서는 비과세를 적용할 수 없음은 물론이고 더불어 해당 초과분 토지는 비사업용 토지에 해당하여 중과세율(10% 주가)을 적용하게 되므로 면적에 대한 사전 검토를 해야 한다.

무허가 건물에 따른 비과세

신 모 씨는 토지를 처분하고 상담을 받고 싶어 했다. 비사업용에 대한 상담을 하던 중 건축물대장상에는 존재하지 않는 주택이 존재한다는 내용을 언급하였다. 무허가로 주택을 짓고 당해 주택에서 거주를 했었다는 것이다.

이 경우 공부(건출물 대장, 등기부등본)상에 존재하지 않는 건물에 대해서 주택으로 인정받을 수 있을까? 그리고 가능하다면 그 방법은 무엇이 있을까.

건물은 건축허가를 받고 완공하여 준공검사 이후 **소유권보존등기**(부동산소유권의 보존을 위하여 하는 등기)를 하는 것이 일반적인 사항이다. 하지만 부득이한 사정에 의해서 건축 허가나 등기 없이 존재하는 건물이 있는데 이를 무허가 건물이라고 한다. 그렇다면 무허가 건물도 1세대 1주택 비과세 규정을 적용받을 수 있을까?

결론은 비과세를 적용받을 수 있다. 주택의 경우 실질에 의하기 때문에 당해 건물이 무허가인 경우에도 그 실질이 주택에 사용된 경우라면 당해 주택(무허가 건물)과 그 주택의 부수토지 모두 1세대 1주택 비과세를 적용받을 수 있다. 또한 주택이 2채 이상이어서 비과세를 적용받지 못하는 경우에도 당해 무허가 건물의 토지는 기준면적 이내에 해당하는 면적은 주택의 부수토지로 보아 비사업용 토지에 해당하지 않는다.

다만 공부상에는 어떠한 내용도 없는 상태에서 그 실질에 따라 주택으로 인정받아야 하므로 당해 무허가 건물이 주택이라는 것을 적극적으로 관할 세무서에 소명해야 한다.

이에 대한 준비 서류로는 임차인 또는 소유자 본인이 토지

위에 거주하였음을 증명하는 주민등록등본 또는 전입 세대 열람을 준비하며 더불어 주택으로 고지된 재산세 고지 내역, 무허가 건축물대장 및 기타 주택임을 증명하는 확인 서류 나 관련 사진 등을 준비하도록 한다.

이때 한 가지 유의해야 할 사항은 **무허가 건물이 건물로서 인정되는 경우는 주거용에 한해서이다.** 이를 확장 해석하여 비주거용에 사용하는 무허가 건물도 적용하려 하면 안 된다. 주거용이 아닌 무허가 건물은 그 실질이 비주거용으로 사용한 건물이고 이에 대해 사용한 자료가 있어도 당해 토지는 건물의 부수토지로 보지 않으며 또한 비사업용 토지에 해당한다.

공익 사업 목적에 따른 부수토지

봉 모 씨는 보유하는 부동산이 신도시 개발을 이유로 수용되었다. 이 시기에 거주하던 주택도 농지와 함께 수용되었다. 봉 모씨는 주택이 1채이고 농지는 오랫동안 농사를 지으며 살아온 터라 모두 비과세 감면 신청을 하였다. 그 덕에 많은 세금을 내지는 않았다. 그렇게 한동안 시간이 흐르고 계속 다른 농지에서 농사를 지으며 생활하던 중 관할 세무서에서 주택의 부수토지가 주택과 다른 시기에 양도되었으므로 당해 토지는 주택의 부수토지로서 1세대 1주택 비과세 대상에 해당하지 아니하므로 과세하겠다는 과세예고통지서를 보냈다. 봉

씨는 이 부분에 대해서 억울함을 호소하며 상담을 받고
자 하였다.

1세대 1주택 비과세를 받기 위해서는 주택의 부수토지는 주택과 함께 양도되어야 한다. 주택과 부수토지가 서로 다른 시기에 양도되는 경우 주택은 비과세를 적용받을 수 있지만 주택의 부수토지는 비과세를 적용받을 수 없다는 것이다. 다만 이 경우에도 토지의 면적이 정착면적의 기준 면적 이내인 경우 비사업용 토지규정은 적용하지 않는다.

하지만 이것은 일반적인 매매 등의 경우이고 주택 및 부수토지의 일부가 **공익 사업 목적으로 협의매수 되거나 수용되는 경우** (공익 사업용 협의매수나 수용의 경우 통상 건물의 지장물조사등의 시간이 필요하여 건물과 토지의 수용의 시기가 다르며 그렇기에 매도인의 의사와 무관하게 주택과 주택의 부수토지의 양도 시기가 다르게 정해진다) 로써 당해 잔존 주택 및 부수토지를 수용일(양도일) 기준 5년 이내 양도 시 종전 주택 양도에 포함되는 것으로 본다는 규정 있다.

다행스럽게도 이를 참고하여 봉 씨는 서면으로 이상의 내용을 첨부한 소명서를 제출하여 해당주택의 부수토지에 대해서도 비과세를 적용받을 수 있었다.

주택 신축에 따른 부수토지

기 모 씨는 보유하던 주택 1채를 양도하고 양도 소득세 신고를 하기위해 관할 세무서에 방문하였다. 기 씨는 오래 전부터 거주하던 주택인데 몇 해 전 구옥을 멸실하고 그 위에 다가구 주택을 신축하였다. 그런데 이전의 주택은 배우자의 소유였고 신축한 다가구 주택은 기 씨의 소유였다. 관할 세무서에서는 토지와 주택의 소유자가 달라 비과세가 안 될 수 있으니 세무사 사무실에서 상담을 받아보라고 했다며 찾아왔다.

주택 신축 목적으로 주택이 있는 토지를 매수하는 경우 기존의 구옥은 필요가 없는 것이다. 매매 시 재산적 가치도 거의 따지지 않는 것이 보통이다. 이러한 경우 매수인이 매도인에게 건축의 시기를 당기기 위해 매도자에게 구옥을 멸실하여 줄 것을 요청하는 경우가 종종 있다. 앞서 강조한 바와 같이 주택이 멸실되는 경우 토지만을 양도하게 되는 것이고 그러면 1세대 1주택 비과세를 적용받을 수 없는 것이다. 그렇기 때문에 멸실을 거절하는 경우도 발생한다.

이런 경우 매도인의 자의에 의해 건물을 멸실하고 토지만 양도하는 경우에는 비과세를 적용할 수 없는 것은 당연한 것이다. 그러나 매수인의 요청에 의한 협의로 주택을 멸실하고 그 사항을 계약시에 명시한 경우 그 실질이 건물과 토지를 모두 양도하는 것이다. 이는 그 절차상의 간편함을 위한 것으로 주택을 양도하는 것으로 보아 비과세를 적용한다. 다만, 비과세를 적용받기 위해서는 이에 대한 적극적인 소명이 필요할 것이다.

주택의 부수토지는 주택과 함께 양도되는 경우에 한해(일부 예외) 그 1세대 1주택 비과세를 적용받을 수 있다. 다만 함께 양도하는 경우라도 주택의 소유자와 그 주택의 부수토지의 소유자가 다른 경우에는 주택의 부수토지는 비과세를 적용하지 않는다. 다시 한 번 요약하자면 **주택의 부수토지는 주택과 그 시기, 소유자가 동일한 경우에만 비과세를 적용한다.**

다만, 소득세법에서는 기 씨의 경우처럼 주택과 그 부수토지 소유자가 다른 경우에도, 소유자가 동일 세대원이라면 그 주택의 부수토지에 대해서도 비과세 규정을 적용한다. 그러한 이유로 기 씨는 당해 주택과 부수토지 모두 비과세를 적용받을 수 있다.

앞서 열거한 예시들은 예외적인 내용들로 흔히 볼 수 있는 사례는 아니다. 일반적인 경우의 주택의 부수토지는 비과세를 받는데 무리가 없다. 하지만 이렇게 예상치 못한 상황이 닥치더라도 당황하지 말고 세무사와 상담한다면 대부분 좋은 해결 방법을 찾을 수 있다.

고가 주택의 비과세

우리나라 세금은 소득이 많을수록, 재산이 많을수록 세금을 더 많이 징수하는 구조이다. 소득세율이 누진세율 구조인 것이 그렇고, 종합 부동산세, 재산세, 취득세 등이 그렇다. 이러한 취지는 담세력과 부의 재분배의 일환이다. 이러한 세법적 구조에 따라 1세대 1주택의 경우 주거 안정을 위해 비과세를 함에도 불구하고 양도가액 9억 원을 초과하는 고가 주택에 대하여는 비과세를 적용하지 않는다.

다만, 비과세를 전체에 대해서 적용받지 않는 것은 아니다. 예를 들어 8억9,500만 원인 경우에는 전액 비과세를 해주는데 9억500만 원인 경우 비과세 혜택이 전혀 없다면 이건 매우 불합리한 규정이 아니겠는가. 그러한 이유로 9억 원을 초과하는 고가 주택의 경우에는 9억 원 이하의 구간에서의 이익은 과세하지 아니하며 9억 원을 초과하는 부분에 대한 이익에 과세한다.

$$\text{고가 주택 양도 차익} = \text{양도 차익} \times \frac{\text{양도가액} - 9억\ 원}{\text{양도가액}}$$

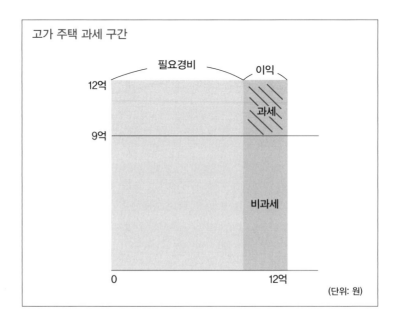

8억 원에 취득하여 10억 원에 양도한다는 가정이라면 '2억 원×(10억 원-9억 원)/10억 원'으로 계산하여 나온 2,000만 원이 양도 차익이 되는 것이다. 물론 이런 경우라면 많은 세금을 내지는 않을 것이다. 하지만 중요한 것은 양도가액이 9억 원을 초과하는 주택의 경우 전액 비과세를 받을 수 없으므로 반드시 신고, 납부하여야 한다는 것이다.

몇 년 전 종영한 TV드라마 「응답하라 1988」에서 이런 대사가 있었다. "우승 상금 받은 걸로 은마아파트 하나 사면 되겠네". 현재도 은마아파트는 우리나라 재개발 아파트의 대표로 연일 뉴스에 나오고 있다. 1988년 당시 은마아파트의 시세는 약 8,000만 원 가량이었다. 몇 번의 굴곡을 거쳤지만 약 30년이 지난 현재의 시세는 14억 원 가량 된다는 인터넷 기사가 있었다. 매매가 대비 17.5배 정도가 상승한 것이다. 그렇다면 정말 그 당시 드라마 대사처럼 아파트를 취득하고, 현재 양도한다면 세금은 어떻게 될까? 앞서 말한 것처럼 1세대 1주택인 경우에도 전액 비과세는 받지 못하고 다음과 같이 계산 될 것이다.

$$양도\ 차익 = 13억2,000만\ 원 \times \frac{14억\ 원 - 9억\ 원}{14억\ 원}$$

양도 차익		471,428,571원
장기보유특별공제	(−)	80%
양도 소득공제	(−)	2,500,000원
양도 소득금액	(=)	91,785,714원
양도세율	(×)	35%
양도 소득세	(=)	17,225,000원

　　일반 부동산의 경우 장기보유특별공제는 1년낭 3%이며 10년을 최대 한도로 30%를 공제한다. 1세대 1주택의 고가 주택의 경우 비과세 받지 못한 부분에 대해서는 일반 부동산과 구분하

여 다른 장기보유특별공제율을 사용하는데 1년당 8%이며 역시 10년을 최대 한도로 80%까지 공제 한다.

다만 고가 주택이라고 해서 모두 24~80%의 장기보유특별공제를 하는 것은 아니다. 반드시 1세대 1주택 비과세 규정에 해당하는 고가 주택인 경우에만 이러한 장기보유특별공제율을 적용한다.

고가 주택은 이외에도 추가적인 세금을 내야 하는데 1세대 1주택은 임대 소득에 대해서 전액 비과세하고 있지만 고가 주택(공시 가격 9억 원 초과)의 경우 그 비과세 혜택은 볼 수 없다. 다만 고가 주택의 경우에도 임대 수입 금액이 연간 2,000만 원 이하인 경우에는 2018년까지 비과세이다.

또한 1세대 1주택의 고가 주택(공시 가격 9억 원 초과)의 경우

고가 주택 장기보유특별공제

보유 기간	1세대 1주택	1세대 1주택 외
3년 이상 4년 미만	24%	10%
4년 이상 5년 미만	32%	12%
5년 이상 6년 미만	40%	15%
6년 이상 7년 미만	48%	18%
7년 이상 8년 미만	56%	21%
8년 이상 9년 미만	64%	24%
9년 이상 10년 미만	72%	27%
10년 이상	80%	30%

에는 종합 부동산세를 계산하는 경우 9억 원 초과분에 대하여 종합 부동산세를 납부한다.

고가 주택은 1세대 1주택인 경우 비과세 규정을 일부만 적용한다. 하지만 장기간 보유 시 최대 80%까지 공제를 받을 수 있어서 실제 납부하는 세금은 생각보다 그리 많지 않을 수 있다. 하지만 9억 원 이상의 고가 주택이라면 비과세는 분명 아니므로 반드시 신고하여 미신고에 대한 불이익을 받지 말도록 하자.

겸용 주택의
비과세

김 모 씨는 남편이 죽고 상속받은 상가 건물을 처분하고자 했다. 양도 소득세를 알아보기 위해 건축물대장상 등을 살펴보았다. 상가 건물은 대지 위에 A동과 B동 두 개가 있었다. 모두 2층으로 되어 있는 건물이었으며 면적은 A동이 주택으로 1층과 2층의 면적이 같았고 B동은 소매점으로 1층의 면적이 2층보다 2㎡ 더 넓은 상태였다. 다른 보유 주택은 최근에 이사를 가기 위해 구입한 주택이 전부인 상태였다. 김 씨에게 간단한 설명과 함께 예상 세금을 계산해주었다.

김 씨와 그렇게 통화를 하던 중 추가적으로 알게 된 것이 이 건물은 남편이 오래 전에 구입을 해서 1층은 식당으로 직접 사용하고 2층은 본인이 거주용으로 사용해 왔다는 것이다. 나는 건축물대장에 나온 내역을 보고 건축물이 2개의 동으로 이루어져 있다고 답했다. 그러자 김 씨는 원래는 건물이 2개였다고 얘기는 들었던 기억이 있다고 답했다. 하지만 구입 당시부터 건물은 공사가 이루어져 있어서 두 개의 건물을 하나로 합하여 사용하였고 당시 자세한 내용은 남편이 모두 알고 있었는데 10년 전에 돌아가셔서 현재는 알 수 없다는 것이다.

서류상으로 1층 상가의 면적이 더 큰 상태였다. 김씨는 1층에서도 거주를 하였다고 하나 이는 물건지(해당 건물, 토지 등)에서 확인을 할 수밖에 없는 상황이었다. 물건지에서 김 씨를 만나보니 식당은 이미 정리를 하여 벽체를 철거 중인 상태로 거주의 흔적은 어디에서도 찾아볼 수 없었다. 또한 김 씨가 거주했다고 주장하는 주방과 홀 사이는 거주가 가능하기에는 다소 무리가 있어 보였다. 더욱이 제출할 수 있는 근거 자료는 어디에서도 찾아볼 수 없었다.

무거운 마음으로 사무실에 돌아와 관련 예규를 찾아보기 시작하였다. 그러던 중 해결의 열쇠가 될 수 있는 예규를 하나 발견했다. 물건을 살피면서 의문으로 남던 2㎡의 면적은 1층에서 2층으로 연결을 하기 위한 계단 면적이었던 것이다. 2층에는 이 면적이 없으므로 그만큼 차이가 났던 것이다.

예규의 내용을 요약하자면 1층에서 2층으로 가는 유일한 계단은 1층에 존재하지만 그 사용은 2층에서 사용할 목적으로 존재하는 계단이므로 해당하는 면적은 2층의 용도에 대한 사용면적으로 귀속된다는 것이다. 예규의 내용을 확인한 후 사실 확인과 자료 수집용 사진과 동영상을 촬영하기 위해 다시 물건지로 갔다. 예상한 것과 같이 2층으로 가는 유일한 계단이 있었고 사실상 2층을 위한 계단이었다. 사진과 동영상을 꼼꼼히 촬영하였다. 그 결과 김 씨는 비과세를 적용받을 수 있었다.

1세대 1주택 비과세는 주택 1채를 보유한 1세대에게 주는 비과세 혜택이다. 하지만 김 씨처럼 하나의 건물에 주택과 주택 이외의 용도를 모두 사용하는 건물인 겸용 주택(근린 주택)의 경우에는 비과세 혜택은 주택의 사용 면적에 해당하는 부분에 대해서만 비과세 가능하다. 주택 이외의 부분에 대해서는 비과세 혜택을 받을 수 없는 것이다. 다만 건물 전체의 면적에서 주택이 차지하는 면적의 비율이 50%를 초과하는 경우에는 전체 면적을 주택으로 보아 관련 규정을 적용하는 것이다.

앞의 사례에서 건축물대장, 등기부등본상으로는 주택 이외의 부분인 1층이 2㎡가 더 많았지만 이 부분은 사실상 2층의 주택을 사용하기 위한 용도이므로 이 면적을 주택으로 볼 수 있다.

따라서 앞서 설명한대로 주택이 차지하는 면적이 50%를 초과하여 전체를 주택으로 보아 1세대 1주택 비과세 규정이 적용 가능했던 사례이다.

여기서 유의할 점은 가끔 식당의 경우 주택으로 보이지만 사실 상은 식당의 룸 용도로 사용하는 공간에 대해서는 주거용으로 인정되지 아니므로 항상 실질적 사용 내역에 따라 판단해야 한다.

다음은 겸용 주택에 대해 결과는 유사하지만 그 접근 방식이 다른 방식의 사례다.

이 모 씨는 자신이 보유하고 있는 2층짜리 겸용 주택의 2층에 거주하고 있었다. 오랜 기간 보유하고 있었기 때문에 시세 차익이 많은 상태로 예상보다 많은 세금에 당황하였다. 건축물대장의 면적을 확인해보니 1층의 면적이 2층보다 꽤 많았고 1층은 임대를 준 상태라고 했다. 건물에 대한 취득가액, 다른 주택의 여부 등 이런저런 이야기를 나누던 중 중요한 단서를 하나 포착했다. 1층의 임차인이 세탁소를 운영 중이라는 것이다. 혹시나 하는 마음에 양해를 구하고 물건지를 방문하였다.

요즘은 드물지만 예전에는 슈퍼나 세탁소 등은 장사를 새벽부터 밤 늦게까지 하기 위해 가게에서 숙식을 해결할 수 있는 주거 공간을 마련하여 거주하는 경우가 종종 있었다. 이런 공간은 의외로 면적을 많이 차지하곤 했다. 이 건물의 임차인 역시 그런 공간을 마련해 두지 않았을까 하는 생각에 찾아간 것이다. 다행히도 프랜차이즈 등과 같은 최신의 세탁소가 아닌 작은 숙식 공간을 마련해 둔 세탁소였다. 임차인에게 양해를 구하고 세탁소 안으로 들어가 사진과 동영상을 촬영했다.

물론 이러한 거주를 위한 공간은 주거용이므로 이면적은 모두 주택에 해당하여 이 씨는 전체면적 중 주거용으로 사용한 면적이 50%를 초과하게 되었다. 그리고 1세대 1주택 비과세 규정을 적용할 수 있었다.

여기서 주의해야 할 점은 거주용 방이 존재한다고 해서 무조건 주택이 아니라는 점이다. 거주를 위한 공간으로는 주거용 방 이외에도 주방 시설과 화장실이 별도로 존재해야 한다. 방만 있는 경우에는 이를 주거용 공간이 아닌 업무 중 잠시 쉬는 휴게공간으로 간주하여 주거용에 해당하지 않는다.

김 씨와 이 씨는 같은 **겸용 주택**이지만 각각 다른 접근 방식으로 비과세 혜택을 받았다. 하지만 원칙은 **전체 면적에서 주택 부분이 차지하는 면적이 50%를 초과하여야 전체 건물이 주택으로 판정되는 것**이다. 그렇지 않은 경우 주택 부분과 주택 이외의 부분을 구분하여 주택에 해당하는 부분에 대해서만 비과세 혜택을 볼 수 있다.

세대 합가로 2주택이 된 경우

어느 날 박 모 씨가 사무실로 방문해 상담을 요청하였다. 박 씨는 본인이 단독 주택을 1채 보유하고 그 주택에서 거주하다 그 주택을 처분하였다. 박 씨는 거주하던 주택 이외에 딸의 명의로 된 아파트 1채가 더 있었는데 이렇게 되니 합이 2채의 주택을 보유하고 있던 셈이며 이를 바탕으로 딸이 국세청 홈택스에서 제공하는 양도 소득세 간편 계산 서비스를 이용하여 계산해보니 꽤 많은 세금이 나왔다는 것이다. 그래서 밤새 한숨도 못 자고 아침 일찍 사무실에 찾아온 것이다.

박 씨는 우선 딸이 홈택스를 이용하여 계산한 것이 맞는 것인지 그리고 이걸 어떻게 신고해야 하는지에 대해서 물었다.

우선 박 씨는 대출금 갚고 양도 소득세를 내면 남는 게 하나도 없는데 세금이 그렇게 나오겠냐고 생각하고 있었다. 여기서 잠깐, 의외로 박 씨같은 분들은 많다. 매매를 하고 대출을 갚고 나면 남는 게 없는데 설마 무슨 세금이 나오겠어라고 생각하는 경우다. 크게 잘못 알고 있는 것이다. 양도 소득세는 아무리 많은 대출을 가지고 있어도 하나도 반영 하지 않는다.

다시 돌아와서 일단은 박 씨가 가지고 온 서류를 바탕으로 계산을 해보았다. 결과는 홈택스에서 계산한 것과 별반 다르지 않았다.

"인테리어나 중개 수수료 등 추가적으로 비용을 지출한 게 있다면 양도 소득세를 줄일 수 있습니다." 내가 해줄 수 있는 조언은 이 정도 였다. 그러자 박 씨는 이런저런 자신의 이야기를 했다.

박 씨는 오래 전부터 단독 주택에 거주하고 있었으며 딸은 지방에서 근무를 하면서 근무지 주변의 아파트를 구입하여 살고 있었다고 한다. 그러던 중 몇 년 전 딸의 직장 이전 문제로 아파트는 임대를 주고 어머니와 함께 살면서 주소를 이전해 세대가 합쳐진 것이다. 그래서 주택이 2채가 되었다는 것이다.

참 안타까운 일이다. 보통의 경우에는 비과세 규정을 적용받기 위해서 자녀를 독립시켜 세대를 분리해서 별도 세대를 만들고 각각 독립된 세대로 1세대 1주택 비과세 혜택을 보는데 말이다. 이야기를 들으면서 혹시나 하는 마음에 박 씨에게 박 씨와 딸의 주민등록 초본과 딸의 아파트 계약서 등의 서류를 가져 오라고 요청했다. 박 씨가 요청한 서류를 가지고 사무실에 방문했다. 서류를 검토한 결과 박씨는 1세대 1주택 비과세 요건에 해당하여 비과세로 신청할 수 있었다. 어찌된 일일까?

박 씨가 비과세 요건에 해당하는 규정은 동거봉양을 위한 세대 합가로 인한 2주택의 예외 조항이었다. **'동거봉양세대 합가'** 는 이런 것이다. **부모님과 자녀가 별도의 세대를 구성하여 거주하고 있는데 부모님이 연로하여 자녀가 부모님을 봉양(모시기)위해서 세대를 합친 경우**를 말한다.

동거봉양세대 합가 비과세 예외 조항은 별도 세대일 때 부모님과 자녀가 각각 1채의 주택을 보유하여 비과세 요건을 갖추었지만 세대 합가를 하는 경우 주택이 2채가 되어 비과세 요건이 안돼서 양도 소득세를 납부해야 하는 상황이 발생할 때 적용하는 것이다.

세법은 부모님을 모시기 위해서 세대를 합쳤는데 주택이 2채이므로 비과세를 적용할 수 없으니 양도 소득세를 내라고 한다면 부모봉양을 방해하는 요인으로 작용할 수 있다고 보았다. 이러한 불합리함을 없애고자 앞서 말한 상황처럼 각각 주택을 한 채씩 보유하여 비과세 요건을 갖춘 부모님과 자녀가 **동거봉양으로 인하여 세대 합가를 하는 경우 세대 합가일로부터 10년 내에 먼저 처분하는 주택에 대하여 비과세**를 하는 것을 동거봉양세대 합가 비과세라고 한다.

이를 확인하기 위해 부모님과 자녀의 주민등록초본을 발급받아 확인하고 신고 시 첨부하여야 한다. 또한 이외에도 연로하신 부모님을 봉양하는 것이 주 이유이기 때문에 부모님의 연세가 60세 이상이어야 하는 등 몇 가지 조건을 확인하여야 한다. 박 씨는 다행히도 위의 요건에 모두 해당하여 다행히도 비과세를 받을 수 있었다.

소득세법에서는 동거봉양세대 합가와 유사한 예외 조항이 하나 더 있는데 혼인으로 인한 세대 합가의 2주택 예외 조항이다. **혼인으로 인한 세대 합가 조항은** 동거봉양세대 합가조항과 많은 부분에서 유사한 조항으로 합가일로부터 **5년 내 먼저 처분하는 주택에 대해서 비과세를 적용**할 수 있는 것으로 기간에 대한 기준은 동일하다.

혼인으로 인한 세대 합가 조항은 각각 주택을 한 채씩 보유하고 있던 자가 혼인을 하게 됨으로써 2주택이 되어 비과세 규정을 적용받을 수 없는 경우에 적용하는 규정이다. 그 취지는 각각 비과세 요건을 갖추었으나 혼인으로 인하여 2주택이 되어 비과세를 적용받을 수 없으므로 이는 혼인의 의사결정을 함에 있어서 방해하는 요인으로 작용할 수 있으므로 이를 반영하여 만든 규정이다.

동거봉양으로 인한 세대 합가와 혼인으로 인한 세대 합가 모두 상황에 의해 비과세가 박탈되므로 의사결정을 함에 있어 방해를 하는 요인으로 작용을 할 수 있으므로 이에 대해서 일정한 요건을 달아 비과세를 유지할 수 있게 하는 규정이다. 하지만 적용함에 있어서는 모든 요건을 충족하는지 항상 꼼꼼히 살피고 진행해야 한다.

상속 주택과
비과세

강 모 씨는 주택을 1채 보유하고 있던 중 아버지의 사
망으로 인하여 아버지 소유의 주택을 상속받게 되었다.
어떤 순서에 따라 처분하는 것이 최선의 절세일까.

사망으로 인해 피상속인 주택의 상속이 이루어시는 경우 상
속인이 이미 주택을 1채 보유하고 있다면 상속인은 2주택이 되
어 기존에 보유하던 일반 주택에 대해서 비과세 혜택을 볼 수 없
는 경우가 발생한다. 그래서 소득세법에서는 상속 당시 상속 주
택과 1채의 일반 주택이 있는 경우 상속 주택은 주택 수에 포함
하지 아니하여 일반 주택의 비과세를 적용할 수 있게 하였다. 이
러한 규정의 이유는 본인의 의지와 상관없이 상속이 이루어지는

데 그러한 상속으로 인해 1세대 1주택의 비과세 혜택을 못 받는다면 매우 불합리하다는 해석이다.

그러므로 강 씨는 상속 당시 보유하던 일반 주택을 먼저 처분(2년 이상 보유 기간 조건 만족 후)하고 그 이후 상속 주택을 1주택 상태에서 2년 이상 보유 기간이 지난 후 상속 주택을 양도하게 되면 강 씨는 비과세를 모두 받으며 양도가 가능하다.

다만, 피상속인의 주택이 2채 이상인 경우 모든 주택에 대하여 상속 주택의 특례를 적용하지 않는다. 상속하는 주택 중 1채에 대해서만 상속 주택의 특례를 적용하며 이에 해당하지 않는 주택은 일반 주택으로 본다. 여러 채의 주택 중 다음의 순서에 따라 상속 주택을 결정한다.

① 피상속인의 소유 기간이 가장 긴 주택

② 피상속인의 거주 기간이 가장 긴 주택

③ 상속 당시 피상속인이 거주한 주택

④ 기준 시가가 가장 높은 주택

라 모 씨는 어머니의 사망으로 어머니가 보유하던 주택 1채를 상속 주택으로 받았다. 라 씨는 상속 주택은 주택 수에 포함되지 않는다는 걸 알고 일반 주택을 하나만 사고 팔면서 1세대 1주택 비과세 혜택을 받고 있었다. 그러던 중 최근에 구입한 주택은 비과세가 되지 않는다는 기사를 보았다.

2013년 2월 15일 이전에 상속받은 경우 상속 주택은 주택 수에서 제외되어 일반 주택이 1채만 있는 경우라면 몇 번을 양도하여도 비과세 혜택을 받을 수 있었다. 하지만 2013년 2월 15일 이후 취득하여 양도하는 주택의 경우에는 상속 개시 당시 상속인이 보유하던 1세대 1주택에 한해서만 상속 주택 특례를 적용하여 일반 주택의 1세대 1주택 비과세 혜택을 볼 수 있다.

이전의 규정에서는 상속 주택이 존재하면 일반 주택은 몇 번이고 비과세 혜택을 볼 수 있었다면 개정으로 인해 상속 당시 1주택에 대해 1번만 비과세를 받게 되었다. 또한 개정 이전에는 상속 이후 취득하는 주택에 대해서도 양도 당시 비과세 요건을 충족하는 경우라면 적용이 가능하였지만, 개정 이후에는 상속 당시에 1

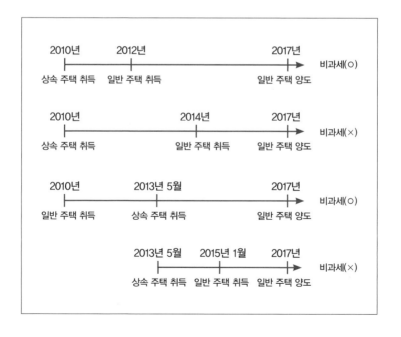

주택이어야 하며 2주택 이상이거나 무주택이라면 2013년 2월 15
일 이후 취득하는 일반 주택은 그 비과세를 적용받을 수 없다.

> 마 모 씨는 배우자의 사망으로 배우자 명의였던 주택
> 을 상속받았다. 마 씨의 명의로도 주택이 하나 있었는
> 데 마 씨는 상속 주택이 있으면 다른 일반 주택은 비과
> 세가 되는 것에 대한 규정을 알고 있었다. 하지만 마 씨
> 가 알고 있는 것은 잘못된 규정으로 마 씨는 일반 주택
> 에 대한 비과세를 적용받을 수 없다.

상속 주택의 특례 적용은 그 취지가 상속으로 인해 2주택이
되어 비과세 혜택을 받을 수 없는 불합리함을 개선하기 위한 규
정이다. 동일 세대원으로부터 상속을 받은 경우에는 상속과 상
관없이 상속 전부터 1세대의 주택 수가 2채이므로 상속으로 인
한 불합리함이 존재하지 않으며 당해 규정을 적용하면 오히려 2
주택이 1주택의 혜택을 보는 결과가 발생한다. 그러므로 동일 세
대원으로부터 받은 상속 주택은 특례 적용을 하지 않는다.

다만, 동일 세대원인 경우에도 동거봉양으로 인한 세대 합
가에 해당하는 부모의 주택은 2주택이지만 비과세 혜택이 가능
한 주택이다. 따라서 당해 주택을 상속 주택으로 상속받는 경우
역시 동일 세대원으로부터 상속 주택 특례 배제 시 역차별을 받
는 결과를 낳게 된다. 이에 2010년 해당 규정을 개정하여 현재는

동거봉양으로 인한 합가에 해당하는 주택을 상속 주택으로 상속받는 경우에는 그 특례 규정을 적용받을 수 있다.

> 사 씨는 어머니의 사망으로 인하여 상속을 받게 되었는데 상속 주택을 사 씨와 동생이 공동명의로 상속을 받기로 하였다. 이 경우 사 씨와 그 동생이 모두 1주택을 가지고 있다면 이 공동 상속 주택은 사 씨 형제에게 어떤 영향을 미치게 될까?

공동 명의 주택인 경우에는 각 공동명의자(지분권자)가 모두 각각 주택을 1채를 가지고 있는 것으로 본다. 하지만 상속 주택의 경우 공동명의자 중 1인의 상속 주택으로 하며 다른 공동명의자는 해당 지분에 대하여 주택으로 보지 않는다. 공동명의자는 다음의 순서에 해당하는 자의 상속 주택으로 본다.

① 상속 주택의 지분이 많은 자
② 상속 주택에 거주하는 자
③ 호주승계자
④ 연장자

> 효 모 씨는 미내에서 돌아가시고 거주하시던 농촌의 주택을 상속받았다. 농촌에 소재하는 주택이라서 매매가 잘 되지 않는데 개정된 규정을 보니 앞서 말한 바와 같

이 상속 당시 보유하던 1주택만 비과세를 받을 수 있는
지라 이 농촌에 소재하는 상속 주택 때문에 앞으로 취
득하는 주택이 비과세 혜택을 받지 못하게 되었다. 호
씨는 이 주택을 어떻게 해야 할까?

호 씨의 경우처럼 농어촌에 소재하는 주택은 그 거래가 쉽지
않은데 상속으로 인해 주택을 받는 경우 주로 도시에 거주하는
자녀의 입장에서는 더욱 관리 처분이 안 되는 애물단지가 되기
도 한다. 그러한 이유로 농어촌에 소재(서울, 경기, 인천 외의 지역
중 읍, 면 지역 등) 하는 주택으로 피상속인이 취득 후 5년 이상 거
주한 주택인 경우, 당해 주택을 상속받은 때 당해 농어촌 주택과
일반 주택을 1개씩 소유하여도 농어촌 주택(상속 주택)은 주택 수
에 포함하지 않는 특례를 적용할 수 있다. 일반 주택을 양도 시
비과세 요건을 충족하면 그 적용이 가능하다.

또한 당해 농어촌 주택은 앞서 설명한 일반적인 상속 주택과
달리 2013년 2월 15일 이후 취득하는 경우에도 상속 당시의 주
택 인지와 무관하게 양도 시점에 1세대 1주택 요건을 갖춘 경우
에는 농어촌 특례를 적용한다. 이는 농어촌 주택의 특성을 감안
한 조치로 볼 수 있다.

이 외에도 농어촌 주택의 규정으로는 이농 주택, 귀농 주택
이 있는데 간단하게 살펴보면 다음과 같다. 이농 주택은 농업,
어업에 종사하던 자가 직업 변경을 위해 다른 지역으로 이농하

116

는 경우 5년 이상 거주하던 이농인 소유의 주택을 말한다. 이농 주택은 농어촌 주택에 해당하여 일반 주택 양도 시 1세대 1주택 요건을 갖춘 경우 농어촌 주택 특례를 적용한다.

귀농 주택은 농업, 어업에 종사할 목적으로 귀농하여 취득, 거주하고 있는 주택을 말한다. 당해 귀농 주택과 일반 주택이 있는 경우 일반 주택 양도 시 농어촌 주택 특례를 적용한다. 다만 2016년 2월 17일 이후 취득한 귀농 주택의 경우에는 귀농 주택 취득일로부터 5년 이내에 일반 주택을 양도하는 경우에 한하여 당해 규정을 적용한다. 이때 귀농 주택은 다음의 요건을 모두 갖춘 주택이어야 한다.

① 본적지 또는 연고지 소재(2016년 2월 17일 이후 취득분 제외)
② 고가 주택이 아닌 주택
③ 대지면적 660㎡ 이내
④ 농지 1,000㎡ 이상 소유 하며 농지의 인접지 소재 주택
⑤ 3년 이상 귀농 주택에 거주하며 농업, 어업에 종사

상속 주택의 경우 앞서 살펴본 바와 같이 그 내용을 파악함에 있어서 세법의 개정으로 인해 이전과 다르게 상속 주택의 존재만으로 일반 주택이 비과세되는 경우는 점차 제한되고 있다. 그러므로 지인이나 인터넷 등을 통한 단순한 정보 수집이 아닌 세무 전문가와 모든 내용을 직접 상담하여 신고를 맡기는 것이 사고를 예방하는 지름길이 될 것이다.

경매 시
발생할 수
있는 문제

인생을 살면서 겪고 싶지 않은 일이 많을 것이다. 그중에 하나가 많은 채무를 변제하지 못하여 보유하고 있던 부동산이 압류되고 경매에 넘어가는 일이 아닐까 싶다. 그렇다면 본인의 부동산이 경매로 소유권이 이전되는 경우 양도 소득세는 어떻게 되는 것일까?

유상으로 부동산의 소유권이 이전되는 경우 양도 소득세는 당해 양도로 인한 소득에 대하여 납부하는 세금으로 결론부터 이야기하자면 경매로 소유권이 이전되는 경우에도 일반적인 매매와 동일하게 양도 소득세를 신고하고 납부하셔야 한다.

그 양도로 인한 매매 대금이 나에게 귀속되기 전에 채권자에게 먼저 갈뿐이지 유상 양도와 동일하기 때문이다. 물론 모든 재산이 경매로 넘어가 무일푼인데 양도 소득세를 신고하고 납부할 겨를이 없음은 당연할 것이다. 하지만 재산이 모두 경매로 넘어가고 아무런 재산이 없어 납부는 할 수 없을지라도 신고를 하여서 혹시나 차후에 발생할 수 있는 불이익을 적극적으로 대처해야 한다. 신고일은 소유권이 이전된 낙찰자의 잔금 납부 일을 기준으로 하면 되고 양도가액은 낙찰가액을 기준으로 하여 계산하면 된다.

경매를 통한 투자는 오래 전부터 인기 있는 투자 방식의 하나이고 지금도 수많은 사람들이 경매로 수익을 얻기 위해 많은 공부를 하고 있다. 세법에서 경매로 인한 취득은 매매로 인한 취득과 별반 다를 것이 없다. 다만, 경매로 취득하는 경우 특수한 권리 관계나 경매의 특수성으로 인하여 투자 시 일반적인 매매와 달리 몇 가지 주의해야 만하는 상황들이 발생한다. 바로 명도 비용, 선순위임차인, 유치권, NPL(부실채권) 등이 그것이다. 물론 대다수의 투자자는 이런 것은 안 하면 그만이라고 생각하지만 이런 일이 발생한 경우 연관되어서 지출되는 비용이 세금에서는 어떻게 적용되는지 알아두는 것이 좋다.

경매 취득 시 가장 흔하게 발생할 수 있는 일이 낙찰 대금을 완납함으로 인하여 소유권이 이전되었음에도 점유의 이전이 즉시 되지 않는다는 것이다. 물론 여기서는 경매투자의 방식이나 흐름에 대한 설명이 아닌 발생되는 비용 처리에 대해서만 이야기할 것이다. 경매 취득 시 당해 부동산은 소유자 또는 임차인이 점유하고 사용하고 있을 것이다. 이 경우 대다수의 낙찰자는 점유 이전을 위한 합의 비용으로 이사비 명목의 명도 비용이라는 것을 지출하는 것이 보통이고 점유자 또한 당연한 듯 이러한 금액을 요구한다. 이러한 비용은 양도 소득세 계산 시 취득가액에 넣을 수 있는가?

결론부터 말하자면 명도비용은 취득가액에 해당하지 않는다. 양도 소득세의 취득가액은 취득에 소요되는 비용으로서 법적 의무가 있는 비용을 말한다. 하지만 명도비용은 취득이 모두 끝난 이후에 발생하는 것으로 취득과 무관한 점유 이전을 위한 비용이며 또한 점유자는 소유권이 이전되어 점유의 법적인 권리 없이 불법으로 점유를 하는 자이기에 점유자에게 지불해야 할 법적 의무가 없는 비용이다. 이러한 이유로 명도비용은 양도 소득세 계산 시 취득가액에서 제외되는 것이다.

반면에 경매로 인해 소유권이 이전되어 법률관계가 소멸되었어도 점유에 이유가 있는 경우가 있다. 그중 하나가 선순위 임차인이고 또 다른 하나는 유치권이다. 이러한 경우 당해 권리자는 그 대금이 모두 변제되기 전에 점유를 이전하지 않을 권리가 있으므로 낙찰 금액 이외에 추가적인 비용이 지출될 수 있으며 당해 금액은 법적 의무가 있는 비용으로 모두 취득가액으로 가산하여 양도 소득세를 계산할 수 있다.

물론 당해 비용을 입증하기 위한 증빙서류를 갖추어 첨부하는 것은 당연하다. 선순위 임차인에게 배당받지 못한 보증금에 대해서 남은 보증금을 변제하는 경우 선순위 임차인임을 입증할 수 있는 등기부등본, 주민등록초본과 이 대금을 지급한 증빙서류인 계좌이체증명서, 합의 각서 등을 첨부하여야 한다. 유치권인 경우 유치권이 있음을 증명하는 서류인 유치권 확인서나 유치권확정판결문 그리고 당해 대금을 지급한 증빙서류인 계좌이체증명서와 합의각서 등을 첨부하여야 한다.

최 씨는 임차하여 거주하던 주택이 경매에 넘어갔다. 경매가 진행되면 임차인의 입장에서는 권리구제의 길은 험난하기만 한다. 다행히도 최 씨는 선순위 임차인으로 낙찰 대금에서 배당받지 못하는 보증금 전액을 낙찰자에게 받을 때까지 점유를 이전하지 않을 수 있는 권리가 있다. 표면적인 상황으로는 금전적인 손실은 전혀 입지 않을 수 있는 것이다. 하지만 금전적 손해는 없더라도 마음 졸이고 낙찰자와 조금이라도 실랑이를 해야 하고 또한 이사를 해야 하는 상황까지 고려하자니 여간 불편한 것이 아닐 것이다.

그래서 최 씨는 경매에 참여하여 직접 낙찰받았다. 본인이 직접 낙찰을 받았으니 배당받지 못한 보증금은 선순위 임차인인 본인에게는 지불할 필요가 없었다. 낮은 낙찰가로 구입을 했지만 본인이 배당받지 못한 보증금은 어디에서도 받을 길이 없어 다른 일반적인 낙찰자와 금전적인 부담액은 동일하다.

이러한 경우 최 씨는 양도 소득세 계산 시 취득가액에 배당받지 못한 본인의 선순위 임차인으로서의 보증금을 포함할 수 있다. 다만 본인이 선순위 임차인이므로 그 과정이 생략되었다고 생각하면 논리적으로 맞을 것이다.

몇 년 전부터 NPL(부실채권)투자에 대한 소식을 심심치 않게 듣고 있으며 이에 대한 세금에 대한 상담 문의도 왕왕 있다. 앞서 언급한 바와 같이 경매로 취득하는 경우 낙찰 대금을 취득가액으로 하고 있다.

다만 당해 부동산에 대한 NPL보유 시 당해 대금의 지불을 보유한 채권과 상계하여 지급함이 다른 것이다. 이에 대해 국세청에서는 낙찰 대금을 취득가액으로 인정할 수 없는 경우가 있음을 예규로 고시하였다.

물론 이 예규는 특수한 거래 상황 이었기 때문에 모든 상황에 적용할 수는 없을 것이다. 하지만 반드시 참고하여야 유사한 사례가 발생할 경우 잘못된 신고로 인한 가산세 등의 세금 추징을 당하지 않을 것이다.

근저당권을 양수하여 담보된
부동산을 경락받은 경우 취득가액은?

근저당권을 양수 후 경매에 참가하여 고가로 응찰한 해당 경매 가액은 오로지 동일 과세 기간의 다른 양도 차익과 해당 부동산의 양도 차손을 통산할 목적의 형식적인 경매가액에 불과하여 실지 취득가액으로 인정될 수 없으며, 해당 부동산의 취득에 든 실지거래 가액은 갑이 실제로 부담한 근저당채권 인수가액과 실질 경매 대금의 합계액으로 하는 것이다.

주)기준법령해석재산 2015-19(2015.06.18)

비사업용 토지
중과세
피하기

TAX

2장에서 다뤘듯 토지는 각각의 사용 방법에 따라 소득세법에서는 사업용 사용으로 보는 요건을 두고 있다. 해당 요건을 충족하지 않는 토지를 비사업용 토지라 하여 누진세율에 10%를 가산한 중과세율을 적용한다.

우 모 씨는 부모님께 20년 전 경기도에 소재하고 있는 밭(전)을 상속받았다. 우 씨는 그동안 계속 직장생활을 하였기에 직접 경작은 할 수 없어 주변에 필요한 사람에게 경작을 할 수 있게 하였다. 그러던 중 2년 전 오랜 기간 다니던 직장에서 은퇴하게 되어 귀농을 하기 위해서 농지 인근에 숙소를 마련하고 직접 경작에 나섰다.

농지는 앞서 2장에서 설명한 바와 같이 토지의 사업용 사용의 기준을 재촌 자경이라고 하였다. 우 씨는 농지 인근에 거주하고 직접 경작을 하게 되었으니 재촌 자경의 기준에 부합할 것이다. 하지만 우 씨는 보유 기간이 20년이 넘었는데 양도 시점에서 또는 양도 시점으로부터 최근 몇 년 동안만 이 요건을 충족해도 비사업용 토지 중과를 피할 수 있는 것인지, 그 기준은 무엇인지 궁금해 하였다.

비사업용 토지의 판단은 양도 시점에서 판단을 하는 것이 아닌 사업용의 사용기간이 소득세법에서 정한 기간 이상의 기간이어야 한다. 소득세법에서는 보유 기간별로 나누어 설명하고 있는데 간단하게 요약하면 다음의 세 가지로 나누어 볼 수 있다. 이중 하나의 기간 요건 만 충족하면 비사업용 토지로 보지 아니한다.

① 최근 5년의 기간 중 3년 이상 사업용 사용

② 최근 3년의 기간 중 2년 이상 사업용 사용

③ 전체 보유 기간 중 60% 이상 사업용 사용(2017년 개정 사항)

우 씨의 경우는 보유 기간이 20년도 넘은 오래된 농지이다. 이때 3가지 요건 중 ②번 요건인 최근 3년 중 2년 이상 사업용 사용 요건을 충족한다면 우 씨는 오랜 기간 사업용으로 사용하지 않았더라도 비사업용 토지 중과 규정을 면할 수 있을 것이다.

허 모 씨는 3년 전 나대지(영구적인 건축물이 건축되어 있지 않은 토지)를 취득하였다. 취득 후 자금 사정이 좋지 않아 나대지 상태로 두었다가 이제 자금을 마련하여 다세대 주택을 신축하여 분양할 계획이 있다.

이 경우 허 씨는 단순히 부동산을 매매하는 것이 아니라 주택 신축 판매업에 해당하며, 대지에 대해서 우선 해당 구청에서 건축 허가를 받고 토지의 소재지 관할 세무서에 사업자등록을 신청하여 이를 양도 소득세가 아닌 사업 소득세로 신고를 해야 한다. 해당 토지는 비사업용 토지를 면할 수 있을 것이다.

대지에 건물을 신축하는 경우 건축 허가 등에 있어서 상당한 시일이 요구된다. 소득세법에서는 이러한 사정을 고려하여 건물을 착공하는 경우 취득 일로부터 2년 동안을 사업에 사용한 기간으로 본다. 다만, 건물 착공은 터파기 등의 실질적인 건물 신축공사의 착공을 의미한다. 그리고 건물을 건축하는 시기도 사업용으로 사용하는 기간으로 본다. 다만 여기에서 건축하는 기간만을 사업용으로 사용하는 기간으로 보며 건축이 중단된 경우 그 기간은 제외한다.

허 씨가 사용한 2년의 '허가 준비 시간+선축 공사 시간+완공 후 분양 기간'을 모두 감안한다면 비사업용 토지 3가지 요건 중 ③번 전체 보유 기간 중 60%이상 사업용 사용의 기준에 부합하여 비사업용 토지 중과 규정을 적용받지 않을 것이다.

또한 건물 완공 후 1년 내 다세대 주택의 분양이 완료되는 경우에도 주택 신축 판매업의 종합 소득세로 신고하기 때문에 양도 소득세의 단기세율인 40% 세율을 적용하는 것이 아닌 누진세율을 적용받으므로 이것도 절세되는 효과를 볼 것이다.

보유 기간이나 용도와 무관하게 비사업용 토지 중과에 해당하지 않는 경우도 있다. 다음의 전 모 씨의 경우가 이에 해당한다.

전 씨는 2010년 농지를 취득하여 2016년 양도하였다. 그는 주변에서 토지는 세금이 많이 나온다는 이야기를 듣고 걱정을 많이 하였다. 걱정했던 것과 달리 전 씨는 비사업용 토지에 해당하지 않았고, 누진세율을 적용하여 신고하였다.

전 씨는 농지를 경작한 사실도 없었고 물론 소재지 인근에서 거주하지도 않았다. 그럼에도 전 씨는 비사업용 토지 중과 규정을 피할 수 있었다.

2009년 세법이 개정되면서 다주택자와 비사업용 토지의 중과 규정을 유예하였다. 그와 동시에 해당 기간 동안 취득하는 토지는 비사업용 토지로 보지 않는 규정을 신설하였다. 그 기간은 이후 개정으로 연장되어 2009년 3월 16일부터 2012년 12월 31

일까지 취득하는 토지는 사용 여부에 상관없이 비사업용 토지로 보지 않는다.

비사업용 토지는 토지의 투기수요 억제와 정당한 사용을 유도하기 위한 규제의 목적으로 만든 규정이다. 그렇기에 토지에 대한 사업용 요건을 파악하고 있음이 비사업용 토지의 핵심이라 할 것이다. 그러한 사전 준비 없이 취득하고 처분한다면 예상치 못한 세금 문제가 닥쳐 올 것이다. 또한 토지는 앞서 예시한 것 이외에 그 지목이 다양하고 그 쓰임도 다양하다. 여기서는 주로 흔히 볼수 있는 농지와 대지에 대해서만 다루었다. 다른 지목의 토지는 조금씩 다른 각각의 방식에 따라 그 사업용의 기준 규정을 정하고 있다. 그러니 사전에 계획하고 세무사 또는 국세청에서 많은 상담을 받으며 진행하는 것이 좋다.

부동산 및 부동산에 관한 권리를 양도하는 경우 소득세법에서는 양도 소득세로 신고하도록 규정하고 있다. 양도 소득세의 신고 시 지출하는 비용 중 소득세법에서 인정하고 있는 필요 경비는 취득가액과 취득에 소요되는 경비, 자산가치의 증가에 기여하는 자본적 지출 등으로 한정되어 있다. 또한 당해 부동산을 유지하고 관리하기 위해 지출되어지는 각종 수리비 등은 경비로 인정받을 수 없다. 이에 대해서는 앞서 2장에서 자세히 설명하였다.

한 모 씨는 부동산 매매를 본인의 주 수입원으로 영위한다. 한 씨는 지역에 상관없이 전국의 부동산을 답사하며 향후 개발 호재 등 메리트가 있는 경우 상대적으

로 저렴한 금액에 매수하여 부동산을 수리하고 유지했
다가 적절한 가격에 매매하여 소득을 얻는다.

한 씨는 양도 소득세로 신고 시 수리, 수선 및 도배, 장
판 등에 대한 일체의 비용과 부동산을 보유하는 동안의
이자 비용 및 재산세 등 각종 유지 비용이 양도 소득세
비용으로 인정되지 않는다. 그런데 그의 사업에서 이러
한 비용은 상당한 차지를 하며 이를 감안하면 수익이
그렇게 높은 편이 아니었다. 그럼에도 소득세법상에서
는 모두 반영할 수 없어서 늘 양도 소득세를 많이 내고
있었다. 그러다가 주변에서 부동산 매매업은 인정 되는
비용의 범위가 더 넓다고 듣고 이를 어떻게 해야 적용
받을 수 있는지에 대한 상담을 해왔다.

소득세법에서는 부동산을 사업적으로 매매하는 사업을 부동
산 매매업이라 하며 그 대표적인 예를 다음과 같다.
① 부동산 매매를 사업 목적에 두고 매매하는 경우
② 부가가치세법상 1과세 기간 내 1회 이상 부동산을 취득하
　고 2회 이상 판매하는 경우
③ 비주거용 건물을 건설하여 분양하는 경우
④ 토지를 조성, 개발하여 분할 판매하는 경우

여기서 부동산 매매업에서의 부동산의 매매는 양도 소득세

가 아닌 종합 소득세의 사업 소득에 해당하여 그 신고의 종류와 신고방법을 달리 하고 있는데 종합 소득세의 사업 소득은 당해 사업에 지출하는 비용을 장부에 반영하여 신고하도록 하고 있다. 그리하여 사업을 유지하고 관리하는 비용에 대해서도 장부에 반영토록 하고 있다. 그 내용으로는 부동산에 대한 수익적 지출(도배, 장판 및 각종 수선 유지비 등)과 자산의 취득을 위해 받은 차입금에 대한 이자 비용 및 재산세 등 각종 공과금을 장부에 반영할 수 있다. 또한 사업을 원활히 유지하기 위한 사무실 경비, 소모품 등 운영 경비를 장부에 반영하여 인정 받을 수 있다. 이렇게 반영한 장부의 순이익은 양도 소득세에서의 양도 소득 금액보다 적을 것으로 예상된다.

고 모 씨는 부동산을 매입하여 짧은 시간 안에 되파는 '단타 매매'를 하려고 한다. 매입에서 매도까지 1년 내에 이루어지게 하여 많은 수익보다는 투자원금을 빨리 회수하면서 안정적으로 운영하기를 원한다. 이런 투자를 하는 경우 1년 내에 매매가 이루어지게 하려다 보니 매매 차익이 그리 크지 않음에도 단기 세율인 40%(주택인 경우)의 세율을 적용받아 보유 기간을 1년을 넘겨서 세금을 줄여야 하는 것인지에 대한 고민을 하고 있다.

부동산 매매업의 경우 앞서 말한 바와 같이 종합 소득세의

134

사업 소득에 해당하는데 종합 소득세에서는 보유 기간에 대한 차등적인 세율 적용 없이 모두 동일하게 누진세율을 적용한다. 그러므로 한 씨는 부동산 매매업으로 전환 시 세율 면에서 많은 절세 효과를 볼 수 있을 것이다.

부동산 매매업인 경우라도 비사업용 토지를 매매하는 경우 매매 차익에 대해서 양도 소득세율에 따라 기간에 대한 단기 세율 이나 2년 초과 시 누진세율에 10% 추가한 세율을 적용하여 일반 매매 차익과 별도로 계산하도록 되어 있으니 이를 주의 하여야 한다.

또한, 부동산 매매업을 적용받고자 하는 경우 이에 대해서 적극적으로 표방을 하여야 한다. 관할 세무서에 부동산 매매업으로 사업자등록을 하고 또한 보유한 부동산을 장부에 반영하여 재무제표의 재고자산으로 기재해야 한다.

아울러 부동산 매매업자는 사업자등록을 한 사업자이기에 일반 개인으로서 양도 소득세를 신고하는 것이 아닌 사업사로서의 제반 신고 의무를 지켜야 하며 이를 지키지 않는 경우 가산세를 물게 된다.

매매 시에는 양도 소득세와 동일한 날짜에 '토지 등 매매 차익 예정신고서'를 작성하여 신고하고 소득세를 납부하여야 한다. 토지 등 매매 차익 예정신고서는 양도 소득세 신고와 유사한 방식으로 신고를 하는 것이다.

사업자의 종류에 따라 일반 과세자의 경우 매년 1월 25일, 7월 25일까지 각각 총 2회 부가가치세 신고를 하여야 하며 면세 사업자의 경우 매년 2월 10일까지 사업장 현황 신고를 하여야 한다. 이 신고는 사업자의 매출액(양도 금액) 및 발행하고 수령한 세금계산서 등을 신고하는 것이다.

　　1년간 발생한 모든 소득을 합산하여 신고하는 종합 소득세 신고를 매년 5월 31일까지 하여야 한다. 종합 소득세 신고 시 부동산 매매업과 다른 소득이 있는 경우 이를 합산하여 신고하여야 한다.

　　부동산 매매업은 사업 소득의 한 종류로서 신고의 방식이 다르기 때문에 그 비용의 인정 범위가 양도 소득에 비해서 넓고 또한 종합 소득세율에는 단기 세율이 없기에 세율적인 측면에서 유리하게 적용될 소지를 갖고 있다.

　　하지만 모든 일에는 장점만 존재하고 단점이 없는 것은 없을 것이다. 그러므로 이에 대해 모두 감안하여 나의 상황에 가장 적합한 판단을 하여야 할 것이다.

양도 소득세가 매매업보다 유리한 경우

부동산 매매 시 부동산 매매업을 이용한 종합 소득세 신고가 양도 소득세 신고에 비해 필요 경비 인정 범위가 넓고 단기 매매 시 세율 측면에서 유리하다는 점을 앞서 이야기하였다. 그러면 모든 부동산 매매시 부동산 매매업으로 사업자등록을 하고 매매 한다면 세 부담이 많이 줄어듦에도 불구하고 이를 적극 활용하지 않는 이유는 무엇일까? 그 주요한 이유는 부동산 매매업은 다음의 문제가 발생할 수 있다는 것이다.

① 다른 소득과 합산하여 높은 누진세율을 적용

② 장기보유특별공제 적용불가

③ 국민 주택을 초과하는 주택의 부가가치세

④ 건강보험료 지역가입자

반 모 씨는 부동산 투자를 시작하려고 했다. 투자에 대한 공부를 하며 부동산을 하나씩 매입하려고 계획 중이다. 부동산 매매업에 대해서 궁금한 것이 많았고 본인의 투자 방식에 어떤 세금 문제가 있을지 궁금해 했다. 반 씨의 투자 방식은 국민주택 규모(85㎡)를 초과하는 대형 평형의 아파트를 매매하는 것이었다. 대형 평형 아파트는 소형에 비해서 상대적으로 매매 거래가 많지 않지만 그만큼 경매로 투자 시 경쟁이 심하지 않아 소형 평수보다 상대적으로 낮은 금액으로 낙찰을 받을 수 있다는 것에 착안한 것이다. 하지만 상담 후 반 씨는 자신의 투자 방식에 대해 다시 한 번 고민하게 되있다. 그리고 부동산 매매업으로 사업자등록을 내지 않고 양도소득세로 신고하는 것으로 결정하였다.

부동산 매매업은 사업자등록을 한 사업자이며 부가가치세와 종합 소득세를 납부한다. 국민주택 규모(85㎡)를 초과하는 주택의 경우 토지는 면세이지만 건물은 부가가치세법상 과세 대상 물건으로 매매 시 재화의 공급에 해당하여 부가가치세를 징수하고 납부하여야 한다. 토지와 건물의 가액이 50대 50이라고 가정한다면 건물가액의 10%를 전체 매매가액 대비 약 5%를 부가가치세로 납부하여야 한다.

물론 부가가치세는 거래 징수하여 납부하는 세금이므로 매수인에게 부가가치세를 별도로 요청할 수 있다. 하지만 이건 법에 나오는 이야기이지 현실에서는 매수인은 사업자가 아닌 부가가치세와 무관한 일반인이 대다수다. 그러므로 매매 대금의 결정은 통상 부가가치세가 포함된 가액일 것이고 부가가치세는 매도인이 부담할 수밖에 없다. 그러니 국민주택 규모를 초과하는 주택인 경우 부동산 매매업의 재고 자산인 경우 종합 소득세와 더불어 부가가치세가 발생한다는 사실을 인지하고 계획을 세워야 할 것이다.

> 공 모 씨는 주택 임대 사업을 시작하려고 하는 사업자이다. 여러 개의 주택을 임대하여 받는 월세가 주 수입원이 될 것이다. 거기에 더해 양도 시 시세 차익으로 인한 부동산 매매업으로 사업자를 내는 것이 더 유리한지에 대해 상담을 요청하였다. 상담 후 공 씨는 부동산 매매사업자를 내지 않고 부동산 매매 시에는 양도 소득세로 신고하는 것으로 결정하였다.

부동산 매매업이 양도 소득세로 신고하는 것 보다 유리한 것은 필요 경비의 인정 범위가 넓다는 것이다. 그 주요한 비용은 부동산을 유지하고 수선하는데 소요되는 기종 비용들임을 앞서 설명하였다. 그런데 부동산 임대 소득이 발생하는 경우에는 주택 이외의 경우 모든 임대 소득을 주택의 경우 현행세법상 연간

2,000만 원을 초과하는 경우 임대 소득에 대한 종합 소득세를 신고하고 납부하여야 한다. 이때 임대 소득 금액을 계산하면서 부동산을 유지하고 수선하는데 소요되는 직접 경비(이자 비용, 재산세, 각종 수리 수선비 등)은 임대 소득에 대응하는 비용으로 소득세법에 따라 인정받게 되므로 부동산 매매로 인한 소득에 추가로 대응할 비용이 없는 것이다.

이렇게 되면 부동산 매매업을 신고하는 유리한 점은 없어지는 것이다. 또한 종합 소득세는 모든 소득을 합산하여 누진세율을 적용하는 것으로 부동산 매매업(사업 소득)과 임대 소득을 합산하여 신고하는 것이 양도 소득세와 임대 소득으로 구분하여 소득세 누진세율을 적용하는 것보다 불리하게 적용되는 것이다.

물론 공 씨는 임대 소득을 주 수입원으로 하고 시세 차익은 추가적인 것이기 때문에 모든 임대가 공 씨의 사례와 같지는 않을 것이다. 그러므로 사전에 면밀히 검토하여야 할 것이다.

다른 예로 단기 매매(1년 이내)에 양도하는 경우에는 앞서 설명한 바와 같이 양도 소득세는 주택의 경우 40%를 주택 이외의 부동산의 경우 50%의 세율을 적용받는다. 부동산 매매(사업 소득)에서는 소득세법상 누진세율(6~40%)를 적용하므로 임대를 하는 것과 무관하게 전혀 다른 결과를 도출할 수 있다. 그렇기에 이는 같은 소득세법상 누진세율 구조인 경우에만 상대적인 유리함이 없어지는 것이므로 단기 세율 적용 시 여전히 강력한 절세

140

효과를 볼 수 있다.

또한 임대 소득이 주 수입원이 아니며 유지 및 관리를 위한 최소한의 수입인 경우가 있다. 전세 보증금을 이용한 투자를 하여 별도의 월세 수입이 없거나 작은 임대료가 들어오는 경우 그 유지 및 수선의 비용이 수입을 상회할 것이다. 그러니 이러한 경우도 부동산 매매업(사업 소득)을 하는 것이 유리할 수 있다. 그러니 이러한 경우는 그 장점과 단점을 따져 상황에 따라 달라짐을 알아야 한다

유 모 씨는 토지와 건물의 임대를 주로 하는 임대 사업자였다. 토지의 면적이 상당히 넓은 편이었고 그 임대 기간도 20년 가까이 되었다. 유 씨는 토지를 매매하기로 마음먹고 매매를 하기 위해 인근 부동산에 매물을 내놓았지만 토지 면적이 넓어 한 사람이 모두 사는 것이 어려웠다. 토지를 여러 필지로 분할하여 각각 다른 매수인에게 매매하게 되었다. 유 씨는 토지를 분할하여 매매하는 경우 이는 부동산 매매로 신고하는 것이고 이것이 유리하다는 상담을 받았다.

양도 소득세는 많은 면에서 부동산 매매업에 비해 세금 절세측면에서 불리하다. 다만, 그중에서 양도 소득세가 유리한 것이 있다면 그것은 장기보유특별공제를 적용받을 수 있다는 것이

다. 앞서도 설명하였지만 장기보유특별공제는 3년 이상 보유한 부동산에 대하여 1년에 3%의 비율로 최대 10년(30%)을 한도로 하여 양도 차익에서 차감한다. 장기보유특별공제는 장기간 보유 시 매우 강력한 절세 효과를 갖고 있다. 30%를 모두 공제받는 경우 받지 못하는 경우와 비교하여 최대 세금이 약 40%가량 절세되는 경우도 발생할 수 있다. 그럼에도 이를 받지 않고 부동산 매매업으로 신고한다면 큰 손해를 보는 것이다.

하지만 앞서 부동산 매매를 판단하는 기준에서 토지를 조성 또는 개발하여 분할 판매한 경우에는 부동산 매매업으로 보는 규정을 예시하였다. 그렇기에 부동산 매매업은 그 판단에 있어서 신중을 기해야 할 것이다. 유 씨는 부동산 매매업이 아닌 양도 소득세로 신고할 수 있는 요건을 찾아 양도 소득세로 신고하여 많은 절세 효과를 보았다.

배 모 씨는 상가 건물을 오래 전에 신축하여 임대를 놓고 있던 중 매수인에게 건물을 양도하였다. 상가 건물이었지만 임차인을 모두 승계하는 조건의 포괄양수도(사업장의 인적, 물적 설비를 모두 포괄하여 양수도 하는 것) 매매 계약으로 부가가치세에 대한 세금계산서 없이 매매를 진행하고 잔금 후 임대에 대한 부가가치세 신고와 양도 소득세 신고를 모두 마친 상태다. 배 씨는 그렇게 신고가 마무리된 것으로 알고 있었다. 하지만 관할 세무서에서 당해 거래에 대하여 배 씨에게 과세 예고통지서(국세청에서 납세자가 신고하지 아니한 경우 또는 신고한 내용이 오류가 있는 경우 이에 대해 과세하고자 함을 사전에 인지시키고자 통지하는 서류이며 이에 대해 이의가 있는 경우 수령일로부터 30일 이내에 관할 세무서에 이의 있음을 제기 할 수 있다)를 보냈다. 상가(비주거용) 건물을 신축하여 매매한 것은 부동산 매매업에 해당한다. 부동산 매매업의 당해 부동산은 재고자산이며 재고자산의 양도는 포괄 양수도에 해당하지 않는다. 그러므로 매매가액 중 건물가액의 10%를 부가가치세로 납부해야 하며 신고 불성실 및 납부 불성실에 대한 가산세 또한 납부하여야 한다고 기재되었다. 또한 당해 신고는 양도 소득세가 아닌 종합 소득세 신고이므로 장기보유특별공제를 적용할 수 없으며 타 소득과 합산한 종합 소득세를 납부해야 한다는 내용을 포함하고 있었다.

배 씨는 본인의 눈을 의심히지 않을 수 없었디. 과세예고통지에 나온 세금은 상당한 세금이었으며 상상조차 못했던 일이 벌어진 것이다. 배 씨는 이에 대한 해결 방안을 모색코자 사무실을 방문하였다.

과세예고통지의 내용대로, 그리고 앞서 부동산 매매업의 내용에 따르면 그 계산이나 조건이 맞는 것이다. 비주거용 건물을 건설하여 양도 시 이는 부동산 매매업으로 본다. 이는 앞서 설명한 바와 같다. 그렇다면 이에 대해 납세자의 판단이 아닌 국세청의 판단에 따라 과세가 가능한가 묻는다면 결론은 과세가 가능하다. 부동산 매매업을 적극적으로 표방하지 아니한 경우에도 그 취득의 목적, 종류, 사업 실태 등 종합적으로 판단하여 실질이 부동산 매매업인 경우 국세청에서는 이를 부동산 매매업으로 과세할 수 있다.

다만 부동산 매매업과 양도 소득세의 신고는 그 판단 기준이 실질에 의해야 하며 전문가조차 어려워 그 결정이 쉽지 않은데 하물며 세법 지식이 약한 납세자가 이를 정확히 판단하고 신고한다는 것은 어쩌면 불가능한 것이라고 할 수 있다. 그래서 신고가 잘못된 경우에도 그 실질이 매매업인데 불구하고 이를 양도 소득세로 신고한 경우 이에 대한 신고불성실 가산세는 적용하지 않는다.

비주거용 건물을 건설하여 양도하는 경우는 업종 분류상 부동산 매매업으로 분류하고 있다. 이는 그 신축 분양 행위가 부동산의 개발에 해당하기 때문이다. 그리고 이 경우 당해 부동산은 재고 자산에 해당한다. 하지만 배 씨의 경우 비주거용 건물을 신축하였지만 이것은 분양이 목적이 아닌 임대를 목적으로 하는 신축이었다. 또한 이후 이를 수년간 임대를 놓고 있는 상황이었다. 이러한 경우 국세청 예규에서는 신축 후 장기간 임대를 놓고

144

이후 양도할 때는 이를 사업 소득에 해당하지 않는다. 다만, 그 실질에 따라 판단해야 한다고 하고 있다. 이점에 대해 관할 세무서에 소명을 하였고 배 씨는 이를 인정받아 과세 예고통지는 취소되어 이하의 모든 세금 문제를 해결할 수 있었다.

부동산 매매업으로 종합 소득세를 신고하는가와 개인으로 양도 소득세의 비교는 일률적인 잣대가 아닌 개인이 처해진 상황에 따라 그 유, 불리함이 달라질 것이다. 또한 자신에게 유리한 것만을 적용하고자 한다면 신고를 잘못해서 많은 세금을 차후에 추징당하는 일이 벌어질 수도 있다. 그러니 자신의 상황에 따라 어느 것이 세법에 따라 맞는 것인지 먼저 판단하여야 하며, 그 후 절세할 수 있는 방법을 모색하는 것이 좋을 것이다. 또한 이에 대한 판단은 전문가들도 쉽지 않은 것이니 사전에 충분한 검토를 해야 할 것이다.

2018년 개정 내용 체크

부동산 매매업자가 조정대상 지역의 다음의 부동산 등을 처분하는 경우에는 양도소득세로 계산하는 것과 종합소득세 합산 과세로 계산한 것 중 더 많은 것을 납부하는 비교과세방식을 적용하여야 한다.

(1) 조정대상지역의 주택 중 중과되는 주택
(2) 조정대상지역의 분양권
(3) 비사업용토지

부동산
매매업의
법인사업자

개인이 부동산을 양도하는 경우 양도 소득세를 신고하고 이를 사업적으로 하는 경우 부동산 매매업으로 종합 소득세를 신고하는 방식에 대하여 앞서 이야기하였다. 그렇다면 회사가 부동산을 거래하는 경우는 어떻게 될까? 그것도 개인과는 다른 방법으로 신고를 할 것이다. 통상 이야기하는 회사를 세법에서는 법인이라 한다.

법인은 개인 또는 다른 법인들이 모여서 일정한 목적을 가지고 운영하기 위해 설립한 단체에 법인격을 부여한 것을 말한다. 법인의 형태는 주식회사, 유한회사, 합명회사, 합자회사가 있다. 그중 우리가 주로 접하는 회사는 대체로 주식회사의 형태이다. 그래서 법인 하면 주식회사를 떠올리게 된다. 주식회사는 다수의 주주에게서 자본금을 출자 받아 운영하기 위해서 설립하였으며 개인은 소득세법의 규정을 따르지만 법인은 법인세법에서 세금을 계산하는 규정을 정하고 있다. 그렇기에 우리는 그 차이를 알고 있어야 한다.

> 안 모 씨는 부동산 매매업을 하고 있었다. 시간이 지남에 따라 그 규모가 확대되어 가고 있으며 이익도 점차 늘어나게 되었다. 그에 따라 세 부담이 커진 안 씨는 주위에서 법인으로 운영하면 절세를 할 수 있다는 이야기를 들었다. 그는 사무실에 방문하여 법인의 장점과 단점에 대해 개인사업자로서의 부동산 매매업과 법인을 비교해 상담하였다.

개인사업자로 사업을 시작하는 사람이라면 사업의 규모가 커지면서 법인으로 전환하는 것을 고려한다. 그 가장 큰 이유는 법인의 세금이 개인에 비해 적다는 것이다. 예로 1억 원의 이익이 있다고 가정할 때 법인은 약 1,100만 원의 법인세와 지방세를, 개인은 약 2,200만 원의 세금을 납부한다. 물론 단순한 상황을 가정한 것이고 실제로는 같은 상황은 아닐 것이다. 이는 일단 법인세율이 소득세율 보다 단순하고 세율이 더 낮기 때문에 그럴 것이다. 참고로 법인세율은 당기 순이익이 2억 원 이하이면 10%, 2억 원 초과 200억 원 이하이면 20%, 200억 원 초과이면

22%이다.

법인에 대한 세율이 소득세율 보다 유리한 이유는 이렇게 감세한 만큼 이를 재투자하여 회사를 성장시키고 발전시키라는 취지다. 또한 결국에는 그러한 소득은 법인의 구성원인 개인에게 지급이 되면서 다시 한 번 소득세를 납부할 것이기 때문일 것이다. 물론 우리에게는 이러한 취지보다는 세율이 법인이 유리하다는 사실이 중요할 것이다.

그리고 이런 법인 소득은 앞서 언급한 바와 같이 개인에게 근로 소득, 퇴직 소득, 배당 소득의 형태로 개인에게 귀속시킬 수 있는데 이렇게 분산하여 받는 소득은 근로 소득의 경우 개인사업자가 적용받을 수 없는 근로 소득 공제, 교육비, 의료비 등의 근로자를 위한 소득 공제 세액 공제를 받을 수 있어 절세 효과가 있다. 또한 퇴직 소득은 종합 소득과 분리 과세되어 세율을 분산시키는 효과와 퇴직 소득의 계산 방식에서 공제를 받는다. 배당 소득 역시 종합 소득세로 계산하는 방식에 있어서 유리한 점을 가지고 있다.

전 모 씨는 부동산 개발과 매매를 주업으로 하는 법인을 운영 중에 있다. 그렇기에 보유하고 있는 부동산이 상당하다. 하지만 주택은 본인이 거주하고 있는 주택을 제외하고는 모두 법인의 소유 부동산이다. 전 씨가 거주하던 주택을 처분하고 이사를 가려고 하는데 당해 주택에 양도 차익이 상당하다.

법인을 운영하는 대표들이 많이들 헷갈려 하는 것이 있다. 법인의 재산은 대표의 소유가 아니라는 점이다. 물론 법인의 주식을 모두 소유하여 법인을 가지고 있으니 법인이 가지고 있는 재산도 본인의 것이라고 볼 수도 있다. 어찌 보면 맞는 이야기이지만 세법에서는 그 소유에 대해서 완벽하게 별개의 것으로 보고 있다. 대표는 법인의 지분을 소유하는 것이다. 그렇기에 전 씨의 경우 법인의 부동산과 별개로 본인이 보유하는 주택의 수에 따라 1세대 1주택 비과세 요건을 갖춘 경우 그 혜택을 볼 수 있는 것이다.

또한 개인사업자는 건강보험을 적용함에 있어서 지역가입자에 해당하는 경우 소득, 부동산, 자동차, 부양 가족 등을 수치화하여 이에 대한 건강보험료를 산출하지만 법인을 운영하는 경우 직장 가입자에 해당하여 법인의 근로자로서 근로 소득(급여)에 대해서만 건강보험료를 산출하므로 개인사업자보다 건강보험료를 절감할 수 있다.

나 모 씨는 법인을 활용하면 세금이 적다는 이야기를 듣고 서울에 법인 명의로 부동산 임대업을 할 목적으로 건물과 토지를 매입하려고 하였다. 하지만 진행 과정에서 관할 구청에서 법인으로 취득 시 취득세가 개인과 다르다는 안내를 받았다.

기본적으로는 법인의 취득세와 개인의 취득세를 구분하지는 않는다. 다만, 개인은 유상으로 주택 취득 시 취득가액에 따라

1.1~3.3%의 세율로 감면하는 규정이 있으나 법인은 이 감면규정을 적용하지 않고 4.6%의 세율을 적용한다. 또한 법인은 설립한지 5년 이내에 수도권과밀억제권역에 본점, 지점으로 사용하는 부동산을 취득하는 경우 취득세율에 3배를 중과한 세율을 적용한다.

나 씨의 법인은 설립 후 5년이 경과한 법인으로 비록 서울에서 부동산을 취득하였지만 중과 규정이 적용되지 않고 4.6%의 취득세율을 납부하였다. 취득세 중과 규정은 신규로 법인을 설립하여 부동산을 취득하는 경우 종종 발생한다. 수도권과밀억제권역 밖의 부동산을 취득하거나 아니면 신설법인이 아닌 설립 후 5년이 경과한 법인을 주식을 양수하는 방법을 활용할 수 있을 것이다. 다만, 법인을 양수하는 경우 양수한 법인이 5년이 경과한 경우에도 휴면 법인 등인 경우 중과되는 규정도 있으니 법인의 법률적 문제를 반드시 전문가에게 검토를 받은 후 신중히 양수하여야 한다.

법인은 주택 또는 비사업용 토지를 양도하는 경우 이에 대한 양도 차익에 대하여 토지 등 양도 차익에 대한 법인세로 양도 차익의 10%를 법인세에 추가로 납부하여야 한다. 이는 개인이 비사업용 토지를 양도하는 경우 소득세율인 누진세율에 10%를 가산한 중과세율을 적용한 것과 유사하게 법인세법에서도 그에 상응하는 중과 규정을 두고 있는 것이다.

또한, 앞서 언급한 바와 같이 법인의 재산은 개인의 소유가
아니다. 이는 부동산에만 국한되는 것이 아닌 전체의 자산에 대
해서 적용을 하는 것이다. 그렇기 때문에 법인의 자금을 이유 없
이 유용하는 경우가 발생해서는 안 된다. 그러한 일이 있는 경우
이를 대표자에 대한 대여금으로 봐 해당 가액은 반드시 법인에
상환하여야 한다. 또한 이에 법인 세법에서 정한 이율에 따라 이
자를 법인에 지급하여야 한다. 그렇지 않은 경우 해당 가액은 대
표자에 대한 상여로 보아 근로 소득세를 납부하여야 한다. 그렇
기에 법인의 재산을 함부로 유용하는 일이 발생하여서는 안 될
것이고 또한 자금을 이용시 개인과 구분하여 사용하여야 하고
그 원인과 절차를 지켜야 할 것이다.

석 모 씨는 오래 전에 부동산 매매업을 위한 법인을 이
용할 계획으로 법인을 설립하였다. 그리고 법인에 대
한 세법상의 이점과 문제점들도 충분히 숙지하였다. 하
지만 상당 시일이 지나도록 법인은 운영되지 않았고 결
국 법인을 포기하였다. 석 씨의 법인의 문제는 세금 이
외의 부분에서 발생하였다. 석 씨가 설립한 법인은 자
본금이 많지 않았다. 그렇기에 법인으로 대출을 이용하
여 부동산을 취득하고 이런 부동산으로 임대 수익과 부
동산의 매매 차익을 수입으로 계획하고 있었는데 은행
에서는 개인과는 다르게 사업 실적이 없는 신규 법인에

대해서는 대출을 해줄 수 없다는 입장이었던 것이다. 석 씨에게는 결국 대출이 없다면 취득할 수 있는 부동산은 매우 한정적이었고 원하는 사업이 진행될 수 없었다.

이 일을 계기로 이후에 부동산 관련 법인 설립에 대한 상담을 하게 되는 경우 절대로 빠뜨리지 않고 이야기하는 것이 신규 법인은 대출이 안 나올 수 있으니 주거래 은행에 법인 설립 전에 반드시 상담을 받으라는 것이다. 물론 자금력이 많거나 대출을 이용하지 않는 투자를 하게 된다면 이와 무관하게 진행해도 가능하지만 그래도 염두에 두어야 할 사항일 것이다.

법인은 분명히 여러 투자자의 자금을 모으는데 유리하고 개인에 비해서 세율이 낮다. 그리고 근로 소득 등을 이용하여 절세 효과를 톡톡히 볼 것이다. 우리나라 상당수의 대기업이 법인이라는 점을 봐도 알 수 있을 것이다.

하지만 부동산 매매업을 하려는 경우에는 취득세 중과, 토지 등 양도 차익의 추가 과세, 가지급금 등 개인의 재산과 구분해야 하는 등을 반드시 고려해야 한다.

이처럼 법인으로 운영하는 것은 개인이 양도 소득세로 신고하느냐 매매 사업자로서 종합 소득세로 신고하느냐를 고민하는 것과 같이 장점과 단점이 모두 존재한다. 그렇기에 좋은 것만 보고 섣불리 판단하지 말아야 할 것이며 그렇기에 사전에 전문가

와 상담하여 법인과 개인사업을 적절히 혼용하면 그 효과를 배
가 시킬 수 있을 것이다.

상속받을 재산 양도 소득세 줄이기

배우자 또는 부모님이 사망하는 경우 그분의 남겨진 잔여 재산에 대해서 상속이 이루어진다. 이때 대부분 준비되지 않은 갑작스러운 일로 재산 상속에 대해서 아무런 준비가 되어 있지 않은 것이 보통이다. 하지만 항상 언급하는 것이지만 취득 시점부터 양도세를 고려하는 것이 절세의 길이라고 하지 않았던가. 상속으로 취득하는 경우 상속 당시에 조금만 더 신경을 쓴다면 이후 상속받은 부동산 양도 시 더 많은 절세 효과를 볼 수 있을 것이다.

양도 소득세의 계산은 이미 앞에서도 언급한 바와 같이 양도가액과 취득가액의 차이 즉, 시세 차익에 대한 세금이다. 그런데 상속의 경우 피상속인(돌아가신 분)의 재산을 무상으로 이전해오기 때문에 시세 차익의 계산에 대해서 그 기준을 모르는 경우가 대부분이다.

상속받은 재산의 취득가액은 상속 재산가액으로 상속세 신고가액이다. 이는 곧 상속인(상속을 받는 자)이 상속세 신고가액을 얼마로 신고하느냐에 따라서 당해 상속 재산의 처분 시 양도세가 결정된다는 것이다. 이는 앞서 말한 바와 같이 취득 당시부터 양도 소득세를 감안해야 하는 다른 부동산과 같은 맥락이다.

하지만 상속 재산가액을 높게 신고하고 싶다고 하더라도 두 가지의 난관에 부딪히게 된다. 첫 번째는 신고가액은 상속인이 임의로 가액을 정하여 신고하는 것이 아닌 관련 증빙 서류로 확인되는 상속세 및 증여세법에서 정한 재산평가방법에 따라 상속 재산가액을 신고해야 한다는 것이다. 두 번째는 양도세를 줄이려는 목적으로 상속세 신고 금액을 높게 쓸 수 있다 하더라도 이 경우 상속세를 납부해야하는 상황이 발생할 수 있다. 물론 상속세는 면세점이 높기 때문에 이를 적극 활용하면 될 것이며 또한 상속세가 발생한다면 이후 예상되는 양도 소득세와 상속세를 비교하여 유리한 방향으로 진행하면 될 것이다.

강 모 씨는 아버지께서 돌아가시면서 상속 재산으로 경기도에 소재하는 소형 빌라 2채를 물려주셨다. 재산가액은 그리 크지 않은 것이었고 상속인으로는 피상속인의 배우자와 강 씨 그리고 강 씨의 동생이 있었다. 강 씨의 경우 상속 재산가액이 많지 않고 배우자가 있어서 상속세는 나오지 않는 상황이었지만 재산 상속을 어떻게 받는 것이 좋은지 조언을 구하였다. 피상속인의 배우자와 강 씨는 각각 주택을 1채 보유하고 있었으며 강 씨의 동생은 무주택 상태였다.

일단 동생이 1주택을 상속받는 경우 그 주택은 상속받고 2년 보유하여 양도하면 1주택 비과세를 적용받을 수 있으므로 강 씨의 동생이 1주택을 상속받는 것이 유리하다. 나머지 주택은 강 씨가 사정상 주택을 상속받을 수 없는 상황이어서 피상속인의 배우자가 상속을 받았다. 다만, 당해 주택은 거주하는 주택이 아니며 투자 목적으로 구입하였지만 오래도록 거래가 이루어지고 있지 않은 지역의 빌라였다. 그런 연유로 상속세 신고를 상속 당시 공동 주택 가격으로 계산해야 하는 상황이었고 이후 양도 시에도 취득가액이 상속 재산가액이 되니 양도 소득세가 더 많이 나오는 것이었다. 이 경우 지금 바로 매매한다면 양도 소득세 없이 매매할 수 있다고 조언해주었다.

지금 바로 매매한다면 양도 소득세가 없는 이유는 이런 것이다. 상속 시 상속 재산가액은 상속세 및 증여세법상의 평가 방법에 따르며 그 적용 순서는 '매매 사례가액→감정가액→기준 시가→장부가액'을 순차적으로 적용한다. 여기서 매매 사례가액은 상속 개시일(사망일)을 기준으로 전후 6개월 중의 가액으로 하고 감정가액은 그 기간 중 2개 이상의 감정평가법인에서 감정한 가액의 평균액으로 한다.

이때 당해 상속 재산을 상속 기준일 6개월 내에 양도한다면 매매 계약서 상의 양도가액을 상속가액으로 신고하는 것이다. 그리하면 양도세 계산 시 양도가액과 취득가액이 동일하여 양도 차익이 없으므로 양도 소득세는 없는 결론이 나오는 것이다.

조 모 씨는 배우자가 사망하여 배우자 명의의 다가구 주택을 상속받아야 하는 상황이었다. 다가구 주택은 아파트 등과 달리 매매가 이루어지기 힘들고 조 씨도 당장 이 다가구 주택을 처분할 계획도 없는 상황이었다. 다가구 주택은 당해 상속 재산의 양도 이외에는 상속 재산평가 시 기준 시가(개별 주택 가격)을 적용해야 한다. 이후에 양도 시 조 씨는 기준 시가와 양도가액에 대한 양도 차익에 대해서 양도 소득세를 내야 했기에 조 씨에게는 현재 시세를 반영하여 상속세 신고를 할 수 있도록 감정 평가를 받을 것을 조언했다.

기준 시가는 지방자치단체에서 재산세 등을 과세하는 기준으로 삼기 위해서 결정하는 것으로 현재의 부동산의 가치 또는 시세 보다는 조금 적은 것이 보통이다. 그러니 상속 당시의 시세

158

를 반영하기 위해서 감정 평가를 받아 시세를 반영한 감정가액을 기준으로 상속세를 신고한다면 이후 양도 시 취득가액에 현재의 시세가 반영되어 많은 절세 효과를 볼 수 있다.

감정가액을 적용하고자 하는 경우에는 2개 이상의 감정 평가법인에서 감 정평가를 받아 산출된 감정가액의 평균가액을 상속재산가액으로 신고하여야 한다. 주로 감정가액을 이용하는 경우로는 매매 사례가액이 발생하기 어려운 다가구 주택, 단독 주택, 상가, 토지 등에서 적용하는 경우 효과를 볼 수 있을 것이다.

이처럼 상속받는 경우 상속세 계산뿐만 아니라 이후 발생하는 양도 소득세까지 감안하여 계획을 세운다면 더 많은 절세 효과를 볼 수 있을 것이다.

임대 사업자 등록 혜택

소득세법에서는 주택 임대 소득에 대해서는 일정한 혜택을 주고 있다. 이유는 주택의 임차인들은 주로 서민들로 임대 소득세 대해서 과세를 하는 경우 그 세금이 고스란히 임차인에게 전가될 것을 우려하기 때문이다. 그중에서도 임차를 장기간 계속할 것을 약속하는 경우에는 여타 등록하시 않은 사업사 또는 단기간 임대를 하는 자보다 더 많은 세제 혜택을 주어 장기 임대 사업자와 임차인의 주거 안정에 신경을 쓰고 있다.

이런 장기 임대의 세제상 혜택을 받기 위해서는 반드시 시, 군, 구청에 임대사업사(단기 임대 능록, 순상상 임내 능록)로 능록애야 한다. 또한 이에 대해서 주소지 관할 세무서에 사업자등록을 하여야 세제 혜택을 받을 수 있다.

임 모 씨는 주택 임대를 하고 있는데 본인이 거주하는 주택의 시세 차익이 많아 세금이 많이 나올 것이라고 예상을 하고 있다. 이 경우 임 모 씨의 절세하는 방법은 어떤 것들이 있는지 상담을 요청하였다.

소득세법에서는 주택 임대업에 신고된 주택(임대 개시일 공시 가격 수도권 내 6억 원, 수도권 밖의 지역은 3억 원 이하)을 제외하고 국내에 1주택을 가지고 있는 경우 주택을 양도할 때에는 임대업에 등록된 주택은 주택 수에 포함하지 않는다. 따라서 1세대 1주택으로 보고 비과세를 하는 규정이 있다. 그러므로 임 씨는 본인이 거주하는 주택 이외의 모든 주택에 대하여 관할 시, 군, 구청에 임대 사업자등록과 관할 세무서에 사업자등록을 하면 본인이 거주하는 주택에 대해서 비과세를 적용받을 수 있다.

다만, 양도하는 주택은 임대업이 아닌 본인의 거주 주택임이 전제 조건이므로 2년 이상 당해 주택에 거주한 사실이 있어야 한다. 또한 임대등록 주택은 등록 후 5년 이상 임대하여야 한다. 이때 거주 주택 양도 당시에는 임대 주택의 임대 기간이 5년 미만이라도 비과세 적용이 가능하다. 하지만 양도 후 임대 기간에 대한 사후 관리를 하는데, 양도 이후 임대 기간을 5년을 초과하지 아니하고 임대 주택을 처분하는 경우 당해 거주 주택의 비과세 받은 세금을 다시 신고, 납부하여야 한다. 더불어 5년의 기간은 보유 기간이 아닌 임대 기간이며 실제 임대하여야 당해 규정을

164

적용받을 수 있다.

　임 씨는 취득 당시부터 임대 등록을 하고 사업을 하던
차여서 거주하던 주택에 대해서 비과세를 적용받는데
문제가 없었다. 거주 주택을 양도한 임 씨는 임대 중이
던 자신의 건물에 거주하게 되었다. 그렇다면 새로이
거주하게 된 기존에 임대하던 주택의 경우 양도 시 앞
서 거주 주택과 같은 비과세를 적용받을 수 있는지에
대해서 궁금했다.

　답을 먼저 말하자면, 임 씨는 새로이 거주하는 기존의 임대
주택에 대해서 비과세 혜택을 받을 수 있다. 다만 그 전체 금액
에 대해서 비과세하는 경우 보유하는 임대 주택에 차례로 거주
하면 모든 주택이 비과세가 가능하게 되는 불합리함이 발생할
수 있으므로 소득세법에서는 일정기간에 대한 양도 차익에 대해
서만 비과세 한다.

　거주하던 주택을 양도하고 기존에 임대 등록한 주택에 새로
이 거주하게 되는 경우 당해 새로 거주하는 주택은 기존 거주 주
택을 양도하는 날 이후 발생하는 양도 차익에 대해서 비과세를
적용하며 이전 기간에 대한 양도 차익에 대해서는 양도 소득세
를 납부하여야 한다. 이 경우에도 2년 이상 당해 주택에서 거주
하여야 하며 또한, 이후에 다른 임대 주택에 거주하게 되는 경우

에도 동일한 방법으로 양도 소득세 비과세를 적용받을 수 있다. 이는 당해 임대 주택에 대해 비과세의 혜택을 받게 하였으니 이 기간 동안의 임대 주택은 비과세 혜택을 중복해서 받을 수 없게 하기 위한 규정이다.

그렇다면 임 씨가 임대 등록한 주택을 처분하는 경우에 추가 적으로 받을 수 있는 절세의 방법은 무엇이 있을까. 임대 등록한 주택(임대 개시일 공시 가격 수도권 내 6억 원, 수도권 밖의 지역은 3억 원 이하)은 그 혜택을 받기 위해서는 의무 임대 기간으로 5년 이 상 임대를 하여야 한다. 이를 초과하여 6년 이상 주택을 임대하 고 양도하는 경우 그 주택을 양도함으로써 발생하는 소득에 대 한 장기보유특별공제액을 계산할 때 임대 기간에 따라 다음과 같은 추가공제율을 더한 공제율을 적용할 수 있다.

임대 기간	추가공제율
6년 이상 7년 미만	2%
7년 이상 8년 미만	4%
8년 이상 9년 미만	6%
9년 이상 10년 미만	8%
10년 이상	10%

다만, 이를 적용하기 위해서는 보유 기간이 아닌 임대 주택 등록 후 임대 기간이 6년 이상인 경우에만 가능하다. 따라서 이 에 대한 임대차 계약서 등의 추가 서류가 필요하므로 이에 대한

적극적인 자료 준비가 필요할 것이다.

임 씨는 주택 임대업으로 운영할 주택을 추가하려고 고려하던 중 신축한 공동 주택에 대한 취득세 비과세 규정을 듣고 이를 적용받기 위해서는 어떠한 요건이 있는지 물었다.

공동 주택을 신축하여 당해 건물을 임대 사업에 사용하거나 또는 신축한 공동 주택을 최초로 분양받은 경우로서 일정한 요건을 갖추면 2018년 12월 31일까지 취득세를 감면한다.

이에 대한 요건으로는 전용 면적 60㎡ 이하의 신축 공동 주택이어야 하며, 취득일로부터 60일 이내 관할 지자체와 관할 세무서에 임대 사업자등록을 하여야 한다. 또한 4년 이상의 의무 임대 기간 동안 임대를 하여야 한다. 이때 공동 주택에는 통상의 주택과 더불어 주거용 오피스텔도 포함되므로 주거용 임대를 목적으로 한다면 사전에 체크를 해볼 필요가 있다.

또 다른 임대 주택의 감면 규정으로는 소형 임대 주택(85㎡ 이하)을 국내에 3호 이상 임대하는 경우 2019년 12월 31일까지 당해 소형 임대 주택(임대 개시일 공시가격 수도권 내 6억 원, 수도권 밖의 지역은 3억 원 이하)에서 발생하는 소득의 30%에 대해서 소득세를 감면한다. 다만, 의무 임대 기간(4년)이상 임대하지 아니한 경우에는 당해 사유가 발생한 연도에 감면받은 세액과 이자 상당액을 함께 납부하여야 한다. 이 규정은 현행 2,000만 원 이하 비과세 규정으로 인해 그 효과가 크지 않다.

임대 주택의 경우 취득, 보유, 양도의 각 단계에서 각각 조세 감면 또는 비과세의 혜택을 받을 수 있다. 사전에 철저히 준비만 한다면 절세 효과를 톡톡히 볼 수 있다. 다만, 이를 적용하기 위해서는 의무 임대 기간을 반드시 준수하여야 하며 이를 지키지 못한다면 애써 받은 감면은 물거품이 되고 거기에 가산세 또는 불이행에 대한 과태료가 부과될 수 있다. 그러므로 의무 임대 기간을 채울 수 없다면 감면 등을 받지 않는 것이 좋고 감면 받았다면 반드시 그 의무 임대 기간을 준수하여야 할 것이다.

준공공
임대 주택
사업자 혜택

TAX

준공공 임대 주택은 정부가 2013년 12월 5일부터 서민 주거 안정화를 위해 시행한 정책이다. 준공공 임대 사업자는 8년 이상 임대하여야 하며 더불어 임대료 인상률을 연 5%로 제한(단기 임대등록사업자도 해당)하는 것이 조건이다. 또한 해당 사업자가 되기 위해서는 주택 취득일로부터 3개월 이내 등록이 가능하다. 다만 정부는 이러한 조건을 만족하는 경우 그에 대한 반대 급부로 조세 감면 혜택을 주고 있다.

준공공 임대 주택 사업자는 앞에서 이야기한 4년 의무 임대 기간을 조선으로 하는 단기 임대등록사업자보나 4넌이 더 많은 기간뿐만 아니라 기타의 많은 조건을 충족해야 하지만 그만큼 더 큰 조세 감면 혜택을 준다.

도 모 씨는 주택 임대 사업을 하려고 하는데 단기 임대
　　사업자와 준공공 임대 사업자 중 어느 것이 자신에게
　　더 맞을지에 고민하고 있었다. 특히 준공공 임대 사업
　　자의 세제 혜택에 대해서 자세히 알고 싶어 하였다.

　주택 임대의 경우 임대 사업자등록을 하지 않는 비사업자도
소득세만 정확히 신고한다면 얼마든지 사업이 가능하다. 그럼에
도 불구하고 임대 등록을 하고 단기 임대 사업자를 하는 가장 큰
이유는 대부분이 거주 주택의 비과세 적용을 받길 원하기 때문
이다. 준공공 임대 사업자 또한 동일한 이유로 임대 등록한 주택
의 경우 주택 수에서 제외된다. 임대 주택 등록을 통한 거주 주
택의 비과세는 이미 앞서서 강조하였으므로 앞의 내용을 참고하
면 될 것이다.

　준공공임대주택의 또다른 주요혜택으로는 2020년 12월 31
일 이전에 취득한 준공공 임대 주택의 경우 양도 소득세를 100%
감면해준다. 이를 적용받는 데에는 몇 가지 알아두어야 할 사항
들이 존재한다.

　첫째, 2020년 12월 31일까지 준공공임대 등록을 하여야 한
다. 당초 2017년 12월31일까지 준공공임대로 등록한 주택에 대
해서 적용하였으나 2018년 세법 개정으로 등록 기한을 연장하
였다.

　둘째, 준공공 임대 주택으로 등록 후 10년 이상 계속하여 준

공공 임대 주택으로 임대한 후 양도하여야 한다. 준공공 임대 주택의 의무 임대 기간은 8년인데 반해 양도 소득세 100% 감면을 받기 위해서는 2년 더 임대하여 10년의 기간을 임대해야 한다.

셋째, 준공공임대 주택(단기임대주택도 마찬가지이다)을 등록하기 위해서는 분양을 받은 경우에만 등록이 가능한지 문의하는 경우가 많은데, 이는 취득세를 감면받기위함 조건이며 준공공주택임대사업자로 100% 감면받기 위해서는 준공공임대주택으로 국민주택규모(전용면적 85㎡ 미만)로서 매입한 주택을 그 조건으로 한다.

넷째, 양도 소득세는 비과세와 감면은 다른 것이다. 비과세는 국세청에서 일정의 소득에 대해 조세 부과를 하지 않고 포기하는 것이어서 비과세를 이유로 하여 다른 추가적인 세금이 없다. 하지만 감면은 이와 달리 정해진 비율에 대해 세금을 깎아주는 것이다. 그리고 일정한 감면 시 감면한 세액의 20%를 농특세로 부과한다. 그러므로 100% 감면이라고 해서 세금이 전혀 없는 것은 아니다. 농특세는 살아 있다.

위의 요건을 갖춘다면 10년 후 임대한 주택에 대해서 양도 소득세를 100% 감면받을 수 있으니 임대 사업을 함에 있어서 많은 절세 효과를 볼 수 있을 것이다. 준공공 주택 임대사입자는 8년 이상 임대를 하여야 한다. 그리고 임대 기간이 8년 이상인 경우 장기보유특별공제율을 적용할 때 다음의 공제율을 적용한다.

보유 기간	준공공임대	일반
3년 이상 4년 미만		10%
4년 이상 5년 미만		12%
5년 이상 6년 미만	적용 제외	15%
6년 이상 7년 미만		18%
7년 이상 8년 미만		21%
8년 이상 9년 미만		24%
9년 이상 10년 미만	50%	27%
10년 이상	70%	30%

2017년까지는 취득 후 10년 이상 임대 후 양도하는 경우 양도 소득세를 100% 감면한다고 하였다. 그러나 10년 이상 임대 시에는 두 가지 규정을 중복하여 적용할 수 없으므로 그중 하나의 규정을 선택하여야 한다. 당연히 양도 소득세 100% 감면 받는 것이 더욱 절세 측면에서 유리하다. 그러니 감면을 신청하는 경우 이를 계산함에 있어서 준공공 임대 주택의 특례 장기보유 특별공제율은 적용하지 말아야 한다.

아울러 2018년 04월 01일 이후 조정대상지역주택을 주택임대사업자로 등록을 하는 경우에는 준공공주택임대사업자로 등록을 하고 8년이상 임대를 하는 경우에 한하여 중과세율을 적용하지 않게 되어 준공공주택임대사업자에 대한 내용을 사전에 숙지 하여 활용한다면 세금의 고민이 줄어들 것이다.

앞에서 언급한 소형 임대 주택을 국내에 3호 이상 임대하는 경우 2019년 12월 31일 까지 소득의 30%를 세액 감면하는 규정이 있다. 소형 주택 중 준공공 임대 주택의 경우에는 감면율을 75%로 한다. 다만 의무 임대 기간(8년)을 채우지 못한 경우 역시 감면 세액과 이자 상당 가산액 및 과태료 등 제재 사항이 있다.

준공공 임대 주택의 경우 처음 밝힌 바와 같이 임대 주택과 더불어 국민의 주거 안정을 목적으로 하여 취득에서 양도까지 다방면에서 조세 감면 혜택을 주고 있다. 하지만 역시나 의무 임대 기간을 채우지 못하는 등 기타의 의무 사항을 지키지 못한다면 더 큰 불이익이 있으므로 사전에 충분히 고려하여 계획을 세워야 할 것이다.

종합 부동산세는 재산세와 더불어 토지와 주택을 보유한 자에게 부과하는 보유세의 하나다. 고액의 부동산 소유자에게 담세력에 따른 조세 부담과 부동산의 가격 안정 등을 목적으로 하고 있다. 그렇기에 종합 부동산세법에서는 규정한 일정액을 초과하여 부동산을 보유한 자에 대하여 종합 부동산세를 부과한다. 더불어 종합 부동산세는 당초 세대별 과세였으나 이에 대해 현재는 개정되어 개인별 과세로 전환되었다. 그러므로 종합 부동산세를 잘 이해하여 그 소유를 분산한다면 종합 부동산세를 절세할 수 있을 것이다.

종합 부동산세는 매년 6월 1일을 과세 기준일로 하여 이날 소유한 자가 납세의무를 진다. 그 대상으로는 주택과 토지가 있으며 주택은 공시 가격의 합계액이 6억 원을 초과하는 자이며 토지는 재산세 과세 기준 종합 합산 토지는 공시 가격 합계 액이 5억 원을 초과하는 때, 별도 합산 토지는 공시 가격의 합계 액이 80억 원을 초과하는 때 종합 부동산세를 부과한다.

종합 부동산세를 과세함에 있어서 당해 주택이 임대업 등록한 임대 주택(단기임대주택(2018년 03월31일 이전등록), 준공공임대주택)등 일정한 임대 주택인 경우 종합 부동산세에서는 이를 '합산 배제 임대 주택'이라 하여 종합 부동산세 계산에서 당해 주택을 제외한다. 그렇기에 합산 배제 임대 주택의 적용을 받기 위해서는 이를 9월 16일부터 9월 30일까지 관할 세무서에 합산 배제 신청을 하여야 한다. 덧붙이자면 신청은 최초 1회 등록으로 이후의 기간 동안 계속 적용이 가능하다. 다만 면적 등이 변경된 경우에는 이를 관할 세무서에 신청을 다시 하여야 한다. 또한 임대 주택으로서 적용받는 규정이므로 당해 임대 주택을 의무 임대 기간 이상 임대하지 않는 경우 감면받은 종합 부동산세와 가산세를 납부해야 한다.

임대 유형	전용 면적	주택 가격	주택 수	의무임대 기간
건설 임대	149㎡	600,000,000원 이하	특별시, 광역시, 도 2호 이상	5년 이상
매입 임대	149㎡	600,000,000원(비수도권 300,000,000원) 이하	1호 이상	5년 이상
미임대 건설 임대	149㎡	600,000,000원 이하	–	–

종합 부동산세는 관할 세무서에서 고지되는 세금으로 별도의 계산이나 신고를 요하지 않는다. 다만 합산 배제나 감면 등은 별도의 신청이 있어야 한다.

종합 부동산세의 과세 표준은 합산 배제 주택을 제외한 주택의 공시 가격의 합계액에서 6억 원을 공제하며 여기에 공정 시장 가액 비율(현행 80%)를 곱한다. 이렇게 계산된 과세 표준에 종합 부동산세 세율을 곱한 금액이 종합 부동산세가 된다. 종합 부동산세 역시 담세역에 따른 조세 부담을 목적으로 하고 있으므로 세율 방식은 누진세율 방식이다.

종합 부동산세 세율

과세 표준 구간	누진세율	누진 공제액
600,000,000원 이하	0.5%	
600,000,000원 초과 1,200,000,000원 이하	0.75%	1,500,000원
1,200,000,000원 초과 5,000,000,000원 이하	1%	4,500,000원
5,000,000,000원 초과 9,400,000,000원 이하	1.5%	29,500,000원
9,400,000,000원 초과	2%	76,500,000원

종합 부동산세는 공시지가가 급등하는 경우 납세자의 의지와 상관 없이 세 부담도 급격히 증가한다. 그래서 종합 부동산세에서는 당해 연도 재산세와 종합 부동산세의 합계 부담액이 전

176

년도 재산세와 종합 부동산세의 150%를 초과하는 경우 150%까지만 부담하도록 부과하고 있다. 또한 1세대 1주택자의 경우 거주하는 주택의 주거 안정화를 위해 공제액의 한도와 세액 감면 제도를 두어 세 부담을 경감시켜 주고 있다.

1세대 1주택의 경우 주택공시 가격의 합계액에서 9억 원을 공제하는 것으로 한다. 1세대에 대한 기준은 양도 소득세의 내용을 참고하길 바란다. 거기에 동거봉양과 혼인으로 합가를 한 경우 양도 소득세에서도 5년간 특례를 규정을 두고 있는데 종합 부동산세에서도 합가일로부터 5년간은 각각 독립 세대로 판단하여 1세대 1주택으로 보아 9억 원을 공제한다.

1세대 1주택인 경우로서 고령자 소유 주택이거나 장기간 보유한 경우 다음의 비율로 세액 공제한다.

고령자에 대한 세액 공제

연령	장기보유 세액공제율
60세 이상 65세 미만	10%
65세 이상 70세 미만	20%
70세 이상	30%

장기 보유에 대한 세액 공제는 당해 주택을 장기간 보유한 경우 5년 이상 10년 미만인 경우 20%를 10년 이상 보유한 경우에는 40%의 세액을 공제해준다. 또한 세액 공제는 두 가지에 모두 해당하는 경우 중복해서 적용이 가능하다.

6장

증여세를 알면 양도 소득세를 절세한다

배우자 증여를 통한 절세

정 모 씨는 40년 전 취득한 상가가 하나 있다. 상가의 현 시세가 6억 원을 약간 못 미치는 정도에 형성되어 있고 기준 시가는 그보다는 더 낮게 고시되어 있다. 보유 기간이 오래되다 보니 시세는 당시와 비교할 수 없을 정도로 많이 올랐다. 그리다 보니 현재 시세대로 처분하는 경우 양도 소득세로 1억 원 이상을 내야하는 계산이 나온다. 이를 절세할 수 있는 방법이 없을까.

이런 경우 잎 장의 양도 소득세 계산에 대해 서술한 내용을 접목시켜 계획을 세워야 한다. 상속세 및 증여세법에서는 배우자간 증여에 대하여 10년의 기간 동안 6억 원을 공제해준다. 즉

6억 원까지는 증여세 없이 배우자에게 줄 수 있다. 이것을 이용하면 정 씨는 해당 상가를 배우자에게 증여하면 증여재산가액이 배우자의 취득가액이 된다. 그리고 배우자가 차후에 당해 상가를 양도한다면 양도 소득세를 대폭 절세할 수 있을 것이다.

추가로 절세 방법을 말하자면 앞에서 다루었던 '상속받은 재산 절세하기'에서 언급한 바와 같이 당해 증여가액을 취득가액으로 확정함에 있어서 공시지가를 적용하는 경우 그 가액이 현재의 시세에 비해서 현저히 낮다. 정 씨의 경우도 마찬가지다. 그러므로 이런 경우에는 감정 평가를 받아 증여 재산가액을 높이고 시세에 근접한 감정가액을 반영하여 증여세 신고를 미리 하도록 한다. 증여세 신고를 하지 않는 경우 차후 양도 소득세 신고 시 논쟁의 소지가 될 수 있으므로 반드시 증여세 신고를 해야 한다. 이때 유의 사항이 있다. 배우자 증여를 통한 양도에 대하여 소득세법에서는 이를 제한하는 규정을 두고 있는데 이를 '배우자 등 증여 재산의 이월과세'라고 하는데 내용은 다음과 같다.

'배우자 또는 직계 존비속에게서 증여받은 재산 중 토지, 건물, 특정 시설물이용권을 증여일로부터 5년 이내에 양도하는 경우에는 수증자(증여받은 사람)가 당해 부동산 등의 양도 소득세의 취득가액을 계산함에 있어서 당초 증여자(증여한 사람)의 취득가액을 적용한다. 그리고 당초 납부한 증여세가 있는 경우 그 증여세는 필요 경비에 산입한다.'

이는 증여한 배우자 등이 직접 양도한 것으로 보아 계산한

182

양도 소득세를 내야 한다는 것이다. 그리고 이미 납부한 증여세는 돌려주지 않는다는 것이다. 다만, 수증자가 1세대 1주택에 해당하는 경우에는 이월 과세 규정을 적용하지 않는다. 여기에 해당하면 부당 행위 계산에 해당하여 계산하게 된다. 그러면 이월 과세와 비슷한 결과를 가져 오지만 조금은 그 적용과 방식에 있어서 다르다. 또한 이월 과세의 배제 이외에도 앞서 언급한 바와 같이 이월 과세는 토지, 건물, 특정 시설물 이용권인 경우에 적용하는 것이므로 그 이외의 자산에 있어서는 적극적으로 활용한다면 많은 절세 효과를 볼 수 있을 것이다. 배우자 등에게 증여하여 양도 소득세를 절세하고자 하는 경우에는 5년 이상 보유하고 양도해야 한다는 것을 명심해야 한다.

배우자 등 이외의 특수 관계자에게 증여 후 이를 증여일부터 5년 이내 양도하는 경우 이는 부당행위계산부인이라 한다. 이는 배우자 등에게 증여 후 5년 이내 양도(이월 과세)와는 다르게 조금 다른 방식으로 규제한다. 신고, 납부하는 주체가 이월과세의 경우 수증자인데 반해 부당 행위계산부인의 경우 증여자가 그 부동산을 직접 양도한 것으로 본다. 그렇기에 이 또한 5년 이내 양도 시 양도 소득세를 절세하는 효과를 보지 못할 수 있다. 다만, 이를 양도 소득세 절세가 아닌 증여세 절세의 목적으로 본다면 제한된 상황에서 그 효과를 볼 수 있으므로 이에 대해서는 세무사와 상담을 할 것을 권한다.

자녀에게 재산을 준다면

자녀가 결혼을 하거나 주택 마련, 사업 자금이 필요한 경우 자녀에게 본인의 재산을 이전을 하기를 원한다. 이렇게 재산을 이전하는 경우에는 그에 따른 세금이 부과되는데 대다수는 이 세금을 절세하기 위해 여러 가지 방법을 찾는다.

재산을 이전하는 방법은 그것이 무상인지 유상인지에 따라 달라지는데 전자의 경우 '증여'라 하고 후자의 경우를 '양도'라 한다. 일반적으로는 대가 없이 무상으로 자녀에게 재산을 이전하기를 원하며 국세청에서도 직계존비속 간의 거래에 대하여 기본적인 관점을 증여로 두고 있다.

앞서 살펴본 바와 같이 증여 재산을 계산할 때 배우자 간에는 6억 원까지 증여세가 없다. 이와 마찬가지로 직계존비속(부모 자식) 간에도 증여세 없이 증여 가능한 금액이 있다. 5,000만 원 이다. 다만 직계비속(자녀 등)이 미성년자인 경우에는 증여 가능한 금액은 2,000만 원이다. 또한 기타 친인척(형제, 며느리 등)인 경우에는 그 금액이 1,000만 원이다. 이러한 것을 **증여재산공제** 라 하는데 이는 1회의 증여재산공제나 매년 받을 수 있는 것이 아닌 소급하여 10년간 받을 수 있는 공제 금액이다.

예를 들면 부모가 자식에게 증여세 없이 증여를 한다면 태어날 때 2,000만 원을 증여할 수 있고, 10살이 되면서 2,000만 원을 증여할수 있으며, 20살이 되면 5,0000만 원을 증여할 수 있는 것이다. 즉, 20살 생일까지 최대 총 9,000만 원까지 증여세 없이 증여할 수 있다. 물론 사회통념상 가능한 생활비(카드 값)나 병원비, 학비 등은 증여에 해당하지 않는다.

증여세는 증여자가 증여 받은 금액에 대해서 납부하는 세금이다. 그러므로 자녀가 여러 명인 경우 이를 분산해서 증여하면 증여재산공제를 각각 받을 수 있다. 예를 들어 1억 원의 부동산을 증여한다면 두 명의 자녀에게 각각 5,000만 원씩 증여한다면 두 명의 자녀는 모두 증여 재산 공제로 5,000만 원씩 공제되므로 증여세 없이 증여할 수 있다. 이때 부부는 동일인으로 간주하여 어머니에게 받은 금액과 아버지에게 받은 금액은 합산해서 증여 재산 공제를 적용한다.

증여한 재산에 대해 증여 재산 공제액을 넘는다면 그때는 공제 후의 금액에 증여세율을 곱하여 계산한다. 앞서 본 다른 부동산 관련 세금과 같이 증여세율도 누진세율 방식이며 세율은 다음과 같다.

증여 구간	세율	누진 공제
100,000,000원 이하	10%	
100,000,000원 초과 500,000,000원 이하	20%	10,000,000원
500,000,000원 초과 1,000,000,000원 이하	30%	60,000,000원
1,000,000,000원 초과 3,000,000,000원 이하	40%	160,000,000원
3,000,000,000원 초과	50%	460,000,000원

본인 소유의 2억5,000만 원 상당의 부동산을 자녀에게 증여하는 경우 간단히 증여세를 계산한다면 5,000만 원 공제 후 2억 원에 대하여 3,000만 원의 증여세가 발생한다. 여기서 놓치지 말아야 할 것은 발생한 증여세는 수증자, 즉 부동산을 증여받는 자녀가 납부해야 한다. 만약에 증여받은 부동산 금액이 2억5,000만 원으로 3,000만 원의 증여세를 납부할 자금 여력이 없다면 납부할 증여세 3,000만 원을 별도로 증여받아야 한다. 이때 증여한 3,000만 원에 대해 또다시 증여세를 계산하여 납부해야 한다. 그렇게 때문에 부동산과 더불어 납부할 것으로 예상되는 증여세를 감안하면 3,600만 원 가량을 추가로 현금 증여하여야 증여세 납

부가 가능하다.

자녀가 있음에도 세대를 건너뛰어 손자와 손녀 등에게 증여하는 경우에는 증여세를 할증하는 규정이 있다. 이는 세대를 건너뛰어 증여 시 자녀를 거쳐서 증여를 하는 것보다 세금을 적게 납부할 목적이므로 이를 방지하기 위해서 계산한 증여 세액의 30%(미성년자이면서 증여 재산이 20억 원 이상인 경우는 40%)에 상당하는 금액을 가산한다. 다만, 사망 등으로 자녀가 없어서 손자, 손녀 등에게 증여하는 것이라면 이는 세금을 줄이려는 목적이 아니므로 증여 세액의 할증을 적용하지 않는다.

재산을 무상으로 사용하게 한다면

부동산 등의 명의 이전 등 부의 직접적인 이전이 아니라도 부를 얻는 경우도 있다. 부동산을 무상으로 이용하거나 무이자로 자금을 빌려 사용할 수 있다. 이러한 것은 직접적인 부를 이전하는 것은 아니다. 하지만 사용료 등을 지불하여야 하는데 그렇지 않으므로 해서 그 상당액을 절감하도록 하였으니 간접적으로 이익을 얻는 것과 같다. 따라서 이에 대해서 증여세법에서는 당해 이익에 대해서 과세를 한다.

부동산을 무상으로 사용하는 경우는 당해 부동산의 기준 시가의 2% 상당액을 증여 받은 것으로 본다. 2% 상당액을 5년 간 임대를 준다고 가정하고 5년 간 받을 금액의 현재 가치를 환산하여 증여세를 과세한다. 하지만 이 경우 5년 간의 임대료 환산 상당액이 1억 원 미만인 경우에는 과세하지 않는다. 이를 연평균으로 본다면 2,000만 원가량 되며 임대료 상당액을 2,000만 원으로 역산하면 부동산 기준시가가 10억 원으로 계산된다. 즉, **기준시가 10억 원미만의 부동산을 무상으로 사용하게 하는 경우에는 증여세가 발생하지 않는다는 것이다.**

부모가 자녀에게 자금을 빌려주는 경우에는 자녀가 이자를 지불하고 차후에 원금을 상환한다면 증여에 해당하지 않는다. 이때의 자녀가 이자 지불 시 빌려주는 사람(부모)에게 원천징수(27.5%)를 하여 소득세는 납부하고 이자를 받는 사람(부모)은 이를 소득으로 소득세를 신고하여야 한다. 이때의 소득세율이 증여세율보다 높다. 보통 이러한 복잡한 절차를 잘 알지 못하여 무상으로 자금을 빌려 주는 경우가 더 많다.

무상으로 자금을 빌려주는 경우 원금에 이자를 지불하지 않는 것만큼 산섭적인 이익이 발생하세 되므로 이를 증이세로 과세한다. 무상 대여 시 원금의 연 4.6%의 이자 상당액을 증여금액으로 하여 매년 계산한다. 다만, 이 경우에도 이자 상당액이 1,000만 원 미만인 경우에는 과세하지 아니한다. 이를 환산한다면 **원금 2억1,000만 원까지는 이자 상낭액이 1,000만 원을 초과하지 않으므로 증여세 없이 자금을 빌려주는 것이 가능하다.**

증여 말고
양도가
좋다는데요

자녀에게 부동산의 명의를 이전하는 경우, 국세청의 기본적인 관점은 앞서 말한 바와 같이 증여로 추정한다. 하지만, 그 대가를 유상으로 이전한 것을 객관적으로 증명할 수 있는 경우에는 양도한 것을 인정한다. 그런데 왜 굳이 대가를 주고 양도로 이전하는 것일까? 통상의 경우 당해 부동산의 명의를 이전하면서 발생하는 양도 소득세가 증여세보다 적게 나오기 때문이다.

예를 들어 4억 원에 취득한 부동산이 현재 시세 5억 원에 달하는데 이 부동산을 이전하는 경우 양도로 이전한다고 하자. 그러면 양도 소득세는 양도 차익인 1억 원에 대해 과세되며 세율을 곱하면 대략 2,000만 원 가량의 양도 소득세를 납부해야 한다. 하지만 증여의 경우 5억 원에서 증여 재산 공제 5,000만 원을 차감한 4억5,000만 원에 세율을 곱한 8,000만 원의 증여세가 발생한다.

이처럼 양도 소득세는 양도 차익에 대해서 계산하고 증여세는 증여하는 재산에 대해서 계산하기 때문에 현재 시세가 동일한 경우에는 양도 차익이 상대적으로 적은 경우 증여가 아닌 양도에 해당하는 경우가 유리한 것이다.

하지만 반대로 1억 원에 취득하여 현재 시세 5억 원인 경우 양도 소득세는 약 1억4,500만 원으로 앞서 계산한 증여세 8,000만 원보다 많은 결과가 도출된다. 그러므로 양도 차익이 많고 적음에 따라 결과가 달라지므로 양도 차익이 적은 물건에서 양도를 활용하는 것이 유리할 것이다.

양도로 인정을 받기 위해서는 반드시 그 대가가 수반되어야 한다. 또한 이를 뒷받침할 수 있는 근거 또한 명확해야 한다. 대금을 지급한 자료인 계좌이체나 무통장입금증이 있어야 할 것이고, 그 자금의 원천이 되는 소득이 존재해야 할 것이다. 소득이 전혀 없는데 부동산 취득 자금을 이체하는 것도 상식적으로 이해는 안 되는 일이다.

이외에도 채무를 승계하는 방식으로 대금을 지불할 수 있다. 근저당권이 설정된 대출금을 승계하거나 부동산의 임차인이 지불한 임대보증금을 승계하는 것이다. 하지만 이 경우에도 승계한 채무를 일시에 상환하는 등 이후에 자력으로 채무를 변제할 수 없음에도 채무를 상환하는 경우에는 이에 대해 증여로 판단하여 추가적인 자료 소명을 요구할 수 있다. 소명을 못하는 경우 증여세를 부과하므로 자력으로 상환할 수 없는 채무를 상환하여서는 안 된다.

그래서 부동산을 이전하는 경우 전부 증여 또는 전부 양도인 경우보다는 일부의 대가를 지불하고 나머지는 무상으로 이전하는 방식으로 주로 채무를 승계하고 나머지는 증여를 받는 부담부증여를 많이 이용한다.

이 방식은 채무를 승계하는 금액에 대해서는 양도 소득세를 부담하고 채무를 승계하지 않는 나머지 부분에 대해서는 증여에 해당하여 증여세를 납부하는 방식으로 두 가지 모두 세금을 내는 것이다. 이 경우에는 무상이전이라는 증여의 장점과 양도차익이 적은 경우 양도 소득세를 납부한다는 장점을 모두 활용할 수 있는 방식이다. 하지만 모든 경우에 통용되는 방식은 아니므로 사전에 이를 계산해보아야 할 것이다.

부록

부동산 세금, 무엇이든 물어보세요

A 사업용 농지는 농지가 있는 곳에 농지 소유자가 거주하는 '재촌'과 자신의 농지에 농사를 짓는 '자경' 요건을 모두 만족한 경우에 한해서만 사업용으로 인정됩니다. 따라서 주말 등 여가 시간 만을 이용하여 농사를 짓는 경우에는 이러한 요건을 만족 시킬 수 없는 경우가 대다수지요.

다시 말해 농지는 기본적으로 농업인만이 취득이 가능하며 취득 시 '농지취득자격신청서'를 작성하여 제출하여야 합니다. 또한 신청서와 더불어 '농업경영계획서'도 작성하여 앞으로 취득 한 농지에 어떤 작물을 누가 경작할 것인지에 대해 기재하도록 되어 있습니다. 전문적으로 농사를 지을 요량이 아니라면 농지 를 취득하는 것이 녹록치 않습니다.

물론 그렇다고 절대 불가능한 것은 아닙니다. 1,000㎡ 이내 의 토지를 주말 농장으로 사용할 목적으로 농지 취득 신청이 가 능합니다. 이때의 주말 농장은 비사업용 토지 규정을 적용받지 않습니다. 다만, 요건을 갖추어야 하는데 2003년 1월 1일 이후 취득한 농지이어야 하며, 면적이 1,000㎡이내여야 합니다. 이때 면적은 본인을 비롯한 세대원 전원이 소유한 농지 면적 합계를 말합니다. 또한, 법정 요건은 아니지만 주말 농장으로 소명하는 자료 중 '농지취득자격신청서'에서 농지의 취득 목적을 '주말, 체험 영농'으로 체크하여 신청을 하는 경우 주말 농장으로 적용될 가능성이 더욱 높아집니다.

이렇게 조건이 만족된 주말 농장은 재촌과 자경의 요건을 만족하지 못하는 경우에도 무조건 사업용으로 취급됩니다. 그러므로 꼭 거주지 주변이 아니라도 비사업용토지의 규정을 피할 수 있습니다.

또한 농지의 면적이 1,000㎡를 초과하는 경우라면 한국농어촌공사에서 시행하는 농지임대수탁사업(통상 농지은행에 농지 위탁)을 이용할 것을 권합니다. 농지은행에 농지를 8년 이상 임대하는 경우에는 재촌, 자경의 유무와 무관하게 비사업용 토지 규정을 적용받지 않고 사업용으로 취급합니다. 따라서 장기간 임대를 예정하고 있는 경우에는 이를 활용한다면 많은 절세 효과를 볼 수 있어요. 사업용으로 인정받기 위해서는 양도 소득세 신고 시 첨부서류로 농지은행에 8년 이상 임대한다는 것을 확인할 수 있도록 '농지임대위탁계약 확인서'를 첨부하면 됩니다.

또 상속으로 인아어 농지를 쥐득하여 재촌, 사경하지 않는 경우가 있지요. 이런 경우라면 상속 개시일로부터 3년간 재촌, 자경한 것으로 보아 사업용 토지로 간주합니다. 이를 앞서 말한 비사업용 토지의 규정에서의 사업용 사용기간 계산에 따라 5년 이내 처분한다면 최근 5년 중 3년 이상 사용한 것이 가능하고 또한 전체 기간 중 60%이상 사업용 사용이므로 이때에는 비사업용 토지 규정을 피할 수 있습니다. 그러므로 오래도록 보유할 이유가 없는데 비사업용 토지의 규정을 피하려 한다면 5년 내 처분할 것을 제안합니다.

농지취득자격증명신청서

접수 *		. . . 제 호	처리기간
처리 *		. . . 제 호	4일 (농업경영계획서를 작성하지 아니하는 경우에는 2일)

농지 취득자 (신청인)	①성명 (명칭)	②주민등록번호 (법인등록번호)		⑥취득자의 구분			
	③주소	시 구 동 도 시 · 군 읍 · 면 리 번지		농업인	신규 영농	주말 · 체험영농	법인 등
	④연락처		⑤전화번호				

취득 농지의 표시	⑦소 재 지				⑧지번	⑨지목	⑩면적 (㎡)	⑪농지구분		
	시·군	구·읍·면	리·동					진흥 구역	보호 구역	진흥 지역 밖

⑫취득원인	

⑬취득목적	농업 경영	주말 · 체험영농	농지 전용	시험 · 연구 · 실습용 등	

「농지법」 제8조제2항 및 같은 법 시행령 제7조제1항에 따라
위와 같이 농지취득자격증명의 발급을 신청합니다.

년 월 일

농지취득사(신청인)　　　(서넝 또는 인)

시장 · 구청장 · 읍장 · 면장 귀하

구비 서류	신청인(대표자) 제출서류	담당 공무원 확인사항	수수료
	1. 별지 제2호서식의 농지취득인정서 (법 제6조제2항제2호에 해당하는 경우에 한합니다)	법인등기부등본	「농지법 시행령」 제74조에 따름
	2. 별지 제4호서식의 농업경영계획서 (농지를 농업경영 목적으로 취득하는 경우에 한합니다)		
	3. 농지임대차계약서 또는 농지사용대차계약서(농업경영을 하지 아니하는 자가 취득하려는 농지의 면적이 영 제7조제2항제5호 각 목의 어느 하나에 해당하지 아니하는 경우에 한합니다)		
	4. 농지전용허가(다른 법률에 따라 농지전용허가가 의제되는 인가 또는 승인 등을 포함합니다)를 받거나 농지전용신고를 한 사실을 입승하는 서류(농지를 전용목적으로 취득하는 경우에 한합니다)		

210㎜ ×297㎜(일반용지 60 g /㎡(재활용품))

소유농지의 이용현황							
소 재 지				지번	지목	면적 (㎡)	주재배 작목	자경 여부
시·도	시·군	읍·면	리·동					

⑭임차(예정)농지현황							
소 재 지				지번	지목	면적 (㎡)	주재배 (예정) 작목	임차 (예정) 여부
시·도	시·군	읍·면	리·동					
⑮특 기 사 항								

※ 기재상 주의사항

⑤란은 거주지로부터 농지소재지까지 일상적인 통행에 이용하는 도로에 따라 측정한 거리를 씁니다.

⑥란은 그 농지에 주로 재배·식재하려는 작목을 씁니다.

⑦란은 취득농지의 실제 경작 예정시기를 씁니다.

⑧란은 같은 세대의 세대원 중 영농한 경력이 있는 세대원과 앞으로 영농하려는 세대원에 대하여 영농경력과 앞으로 영농 여부를 개인별로 씁니다.

⑨란은 취득하려는 농지의 농업경영에 필요한 노동력을 확보하는 방안을 다음 구분에 따라 해당되는 난에 표시합니다.

　가. 같은 세대의 세대원의 노동력만으로 영농하려는 경우에는 자기 노동력 란에 ○표

　나. 자기노동력만으로 부족하여 농작업의 일부를 고용인력에 의하려는 경우에는 일부고용란에 ○표

　다. 자기노동력만으로 부족하여 농작업의 일부를 남에게 위탁하려는 경우에는 일부 위탁 란에 위탁하려는 작업의 종류와 그 비율을 씁니다. [예 : 모내기(10%), 약제살포(20%) 등]

　라. 자기노동력에 의하지 아니하고 농작업의 전부를 남에게 맡기거나 임대하려는 경우에는 전부위탁(임대)란에 ○표

⑩란과 란은 농업경영에 필요한 농업기계와 장비의 보유현황과 앞으로의 보유계획을 씁니다.

란은 취득농지의 소재지에 거주하고 있는 연고자의 성명 및 관계를 씁니다.

란과 란은 현재 소유농지 또는 임차(예정)농지에서의 영농상황(계획)을 씁니다.

⑮란은 취득농지가 농지로의 복구가 필요한 경우 복구계획 등 특기사항을 씁니다.

농업경영계획서

취득 대상 농지에 관한 사항	①소재지			②지번	③지목	④면적(㎡)	⑤영농거리	⑥주재배 예정 작목	⑦영농 착수 시기
	시·군	구·읍·면	리·동						
	계								

농업 경영 노동력의 확보 방안	⑧취득자 및 세대원의 농업경영능력						
	취득자와 관계	성별	연령	직업	영농 경력(년)	향후 영농여부	
	⑨취득농지의 농업경영에 필요한 노동력확보방안						
	자기노동력	일부고용		일부위탁		전부위탁(임대)	

농업 기계·장비의 확보 방안	⑩농업기계·장비의 보유현황						
	기계·장비명	규격	보유현황	기계·장비명	규격	보유현황	
	⑪농업기계장비의 보유 계획						
	기계·장비명	규격	보유계획	기계·장비명	규격	보유계획	

연고자에 관한 사항	연고자 성명		관계	

「농지법」제8조제2항에 따라 위와 같이 본인이 취득하려는
농지에 대한 농업경영계획서를 작성·제출합니다.

년 월 일

제출자   (서명 또는 인)

210㎜ ×297㎜(일반용지 60 g /㎡)

※ 기재상 주의사항

* 란은 신청인이 쓰지 아니합니다.

①란은 법인에 있어서는 그 명칭 및 대표자의 성명을 씁니다.

②란은 개인은 주민등록번호, 법인은 법인등록번호를 씁니다.

⑥란은 다음 구분에 따라 농지취득자가 해당되는 난에 ○표를 합니다.

   가. 신청당시 농업경영에 종사하고 있는 개인은 "농업인"

   나. 신청당시 농업경영에 종사하지 아니하지만 앞으로 농업경영을 하려는 개인은 "신규영농"

   다. 신청당시 농업경영에 종사하지 아니하지만 앞으로 주말·체험영농을 하려는 개인은 "주말체험·영농"

   라. 농업회사법인·영농조합법인, 그 밖의 법인은 "법인 등"

[취득농지의 표시]란은 취득대상 농지의 지번에 따라 매 필지별로 씁니다.

⑨란은 공부상의 지목에 따라 전·답·과수원 등으로 구분하여 씁니다.

⑪란은 매 필지별로 진흥구역·보호구역·진흥지역 밖으로 구분하여 해당란에 ○표를 합니다.

⑫란은 매매·교환·경락·수증 등 취득원인의 구분에 따라 씁니다.

⑬란은 농업경영 / 주말·체험영농 / 농지전용 / 시험·연구·실습용 등 취득 후 이용목적의 구분에 따라 해당란에 ○표를 합니다.

※ 농지취득 후 농지이용목적대로 이용하지 아니할 경우 처분명령 / 이행강제금 부과 / 징역·벌금 등의 대상이 될 수 있으므로 정확하게 기록하여야 합니다.

※ 이 신청서는 무료로 배부되며 아래와 같이 처리됩니다.

신청인	처리기관(시·구·읍·면)
신청서 작성	접 수
	확인·조사
	검 토
교 부	증명발급 또는 신청서의 반려

농지임대(사용대)위탁 신청서

농지 소유자	성명			생년월일(성별)					
	주소								
	전화번호			휴대폰번호					
	email주소								

위탁 농지	농지소재지	지번	지목	면적 (㎡)	취득 년도	농업용 시설	희망임대차료	재배작물

임차 (사용차) 예정자	성명		소유자와의 관계	
	주소			

임대 위탁 기간	20 년 월 일 ~ 20 년 월 일 (년 개월간)

첨부 서류	① 주민등록표등(초)본 또는 신분증 ② 등기부등본 또는 인터넷 열람용 등기부등본 ③ 토지대장등본 또는 인터넷 열람용 토지대장등본 각 1부 *②와 ③의 경우 인터넷 발급이 가능하며 원할 경우 본인부담으로 공사에서 발급대행을 받으실 수 있습니다.

위와 같이 본인 소유농지를 귀 공사에 임대(사용대) 위탁하고자 신청합니다.

20 년 월 일

담당	부 장	월	신청인 (자필서명 또는 날인)
		일	

한국농어촌공사 사장 귀하

접수일 : 20 년 월 일	접수자 : ○○지사 (인)

※ 위탁신청 접수일은 모든 필요한 첨부서류가 공사에 도착된 날짜를 기준으로 하되, 「농지법」 시행일(觀.1.1) 이후에 취득한
 농지중 개인간 임대 또는 사용대가 금지된 농지로서 동법 제23조 제6호 및 제7호의 규정에 따라 임대위탁 신청한 농지의
 경우 신청접수일로부터 60일 이내(공휴일 포함)에 임차인을 선정할 수 없을 경우에는 수탁이 불가함.

A 양도 상담을 하다보면 종종 부동산에 대한 서류를 모두 분실해서 취득가액을 모르는 분들이 있습니다. 특히 상속, 증여받은 재산의 경우에는 무상으로 이전을 받은 것이기 때문에 그 취득가를 모르는 경우가 대부분이죠. 이런 경우 상속, 증여일 경우에는 상속세, 증여세 신고한 가액을 취득가액으로 생각하면 됩니다. 만약 상속받고 신고하지 않은 경우, 상속 부동산이 아파트 등이라면 상속일 또는 증여일의 거래 가액을 확인할 수 있는데, 이런 경우에는 매매 사례가액이라 하여 확인된 가액을 적용하면 됩니다. 또 확인할 수 없는 경우라도 그날의 기준 시가를 기준으로 하면 됩니다.

2011년 이후 매매로 취득한 경우에는 대부분 등기부등본에 기재되어 있습니다. 그러므로 기재된 가액을 취득가액으로 하면 됩니다.

2007년 이후에 취득한 경우에는 당시에 등기부등본에 거래 가액이 기재되지 않는 경우가 종종 있습니다. 하지만 2007년 이후 모든 거래에 대한 양도 소득세 계산 시 양도가액을 매매 계약서에 의한 실지 거래가액에 의해 기재하게 되어 있습니다. 따라서 이 경우에는 관할 세무서에 방문하여 양해를 얻고 양도자의 양도가액을 취득가액으로 기재하여야 합니다. 그렇지 않고 이전 양도자의 양도가액과 다른 가액을 취득가액으로 신고하면 차후 자료 소명과 세금 추징이 있을 수 있습니다.

2007년 이전 취득한 경우에는 그 이전의 시기가 양도 소득세를 실지 거래가액이 아닌 기준시가로 신고를 하던 시기였습니다 (다만 일정한 사유에 해당하는 경우 실지 거래가액으로 신고를 하는 경우도 있으니 관할 세무서에서 확인해 보아야 합니다). 그러므로 실지 거래가액을 알 수 없는 경우에는 다음의 계산 방법에 따라 취득가액을 환산하여야 합니다.

$$\text{취득가액} = \text{양도가액} \times \frac{\text{취득 당시 기준시가}}{\text{양도일 현재 기준 시가}}$$

환산 취득가액으로 계산하는 경우 기타의 경비는 모두 적용하지 않으며, 취득 당시 기준 시가의 3%에 해당하는 금액을 필요 경비로 반영합니다.

한 가지 덧붙이자면 일부 납입 영수증 등을 분실하는 경우가 있는데, 취득세, 등록세의 경우는 '정부24(www.miwon.go.kr)'나 가까운 시, 군, 구청에서 '지방세세목별과세증명'을 발급받으면 그 금액을 확인할 수 있으므로 당황할 필요가 없습니다.

A 정부는 실수요자 보호와 단기 투기 수요 억제를 통한 주택 시장 안정화 방안으로 투기 과열 지구 및 투기 지역을 지정하며 이에 대한 세제 개편안을 발표했죠. 세제 개편안의 주요 내용으로는 조정 대상 지역의 양도 소득세 강화입니다. 현재의 세제 개편안은 확정이 된 사항이 아니므로 향후 변경이 가능합니다. 물론 현 정부가 부동산 투기 수요를 잡고 시장 안정화를 궁극적인 목표로 하고 있으므로 변경의 가능성은 적습니다만, 지금은 개편안일 뿐입니다. 최종적으로 변경된 법률을 확인하여야 합니다.

① '1세대 3주택 이상 보유한 자 또는 주택과 조합원입주권의 합이 3개 이상인 자가 투기 지역으로 지정한 지역의 주택을 양도하는 경우에는 양도 소득 기본 세율에 10%를 가산한 세율을 적용한다.'

이 규정은 당초부터 있는 규정이었으나 이번에 투기 지역을 지정하면서 해당이 되는 주택이 발생했습니다. 그렇기에 투기 지역 지정과 동시에 적용되므로 해당 지역에 주택을 보유한 경우 이를 반드시 기억해야 할 것입니다.

② '조정 대상 지역 내의 소재하는 주택으로 2018년 4월 3일

구분	투기과열지구 ('17.8.3)	투기지역 ('17.8.3)	조정 대상 지역 ('16.11.3, '17.6.19대책)
서울	전 지역 (25개구)	강남, 서초, 송파, 강동, 용산, 성동, 노원, 마포, 양천, 영등포, 강서 (11개구)	전 지역 (25개구)
경기	과천시	–	경기 7개시 (과천, 성남, 하남, 고양, 광명, 남양주, 동탄2)
기타	세종시, 대구 수성구	세종시	부산 7개구, 세종시, 대구 수성구

(2017.08.02. 세제 개편안 근거)

이후 양도하는 경우로서 2주택 이상인 자가 조정 대상 지역 내의 주택을 양도하는 경우에 장기보유특별공제를 적용받을 수 없다. 또한 2주택인 자가 조정 대상 지역 내 주택 양도 시에는 양도 소득세 기본세율에 10%를 가산한 세율을 적용하며 3주택 이상인 자가 조정 대상 지역 내 주택 양도 시에는 기본 세율에 20%를 가산한 세율을 적용한다.'

이 부분은 임대 등록한 주택 등 일부의 주택에 대하여 예외 규정을 두겠다고 하였습니다.

③ '조정 대상 지역 내에서 2017년 8월 3일 이후 취득하는 주택의 경우 1세대 1주택 비과세 적용 시 그 요건으로 2년 이상 거주 요건 추가'.

조정 대상 지역의 주택인 경우 9억 원 이하의 주택으로 2년 이상 보유하고 2년이상 거주한 주택(2018.08.03. 이전 취득한 주택 제외)의 경우에만 1세대 1주택 비과세 규정을 적용받을 수 있습니다.

④ '분양권은 등기 접수일 이전까지는 부동산에 관한 권리에 해당하여 1년 내 50%, 2년 내 40%, 2년 이상 보유 시 기본 세율을 적용하였으나 2018년 1월 1일 이후 조정 대상 지역의 분양권 전매 시 보유 기간에 상관없이 50%의 세율을 적용'.

⑤ '준공공 임대 주택을 10년간 임대하는 경우 양도 소득세 100% 감면 규정이 당초에는 2017년 12월 31일로 종료되나 이를 3년 연장시켜 2020년 12월 31일까지 적용 가능'.

이는 임대업을 유도하려는 정책을 뒷받침한 개정안으로 보이며 이와 더불어 기존 단기 임대 사업자도 기간을 인정받으며 준공공 임대 주택 사업자로 전환할 수 있도록 시행령을 개정할 예정이라고 밝혔습니다.

⑥ '소형 주택 임대 등록 사업자로서 3호 이상 임대하는 경우 소득세의 30%(준공공 임대 주택 75%)를 감면해주는 규정에서 임대 주택의 최소 수량기준인 3호 이상에서 1호 이상의 경우도 감면 적용'

⑦ '소득세율의 최고세율 42%를 신설하고 구간을 조정'

소득 구간	개정 전	개정 후
12,000,000원 이하	6%	6%
12,000,000원 초과 46,000,000원 이하	15%	15%
46,000,000원 초과 88,000,000원 이하	24%	24%
88,000,000원 초과 150,000,000원 이하	35%	35%
150,000,000원 초과 300,000,000원 이하	38%	38%
300,000,000원 초과 500,000,000원 이하		40%
500,000,000원 초과	40%	42%

⑧ '장기보유특별공제율을 기존에는 3년을 초과하면서 보유 기간에 3%를 공제하였으나 2019년 1월 1일 양도분부터 그 비율을 2%로 낮춘다.'

보유 기간	개정 전	개정 후
3년 이상 4년 미만	10%	6%
4년 이상 5년 미만	12%	8%
5년 이상 6년 미만	15%	10%
6년 이상 7년 미만	18%	12%
7년 이상 8년 미만	21%	14%
8년 이상 9년 미만	24%	16%
9년 이상 10년 미만	27%	18%
10년 이상 11년 미만		20%
11년 이상 12년 미만		22%
12년 이상 13년 미만	30%	24%
13년 이상 14년 미만		26%
14년 이상 15년 미만		28%
15년 이상		30%

⑨ '동거봉양세대 합가 시 합가일로부터 5년 내 먼저 양도하는 주택에 대하여 비과세 적용 기간을 5년에서 10년으로 연장'

⑩ '건물을 신축하여 5년 내 양도하는 경우로서 2018년 1월 1 일 이후 양도분부터는 취득가액을 환산취득가액을 적용 하는 때에는 건물분 환산취득가액의 5%를 가산세로 납부 한다.'

이 규정에 의한 가산세는 상당하므로 이에 대해 준비해야 할 것입니다.

⑪ 양도시 중과세율을 적용하지 않는 주택은 다음과 같다.

· 수도권, 광역시, 특별자치시(세종시) 외의 지역에 소재하는 주택으로 양도당시 기준시가 3억 원 이하의 주택(이에 해당하는 주택은 주택수를 계산할때도 제외)

· 장기임대주택으로 임대한 주택중 임대등록당시 공시지가 6억원(비수도권3억원이하)이하인 주택

· 10년이상 무상제공한 장기사원용주택, 5년이상운영한 가정어린이집등

⑫ 장기임대주택은 준공공임대주택으로 등록하고 8년 이상 임대한 주택을 말한다. 다만, 2018년 03월 31일 이전에 단기임대주택으로 등록한 주택도 장기임대주택의 그 규정을 적용할 수 있다.

이외에도 개정안은 많은 내용을 담고 있으나 부동산 관련 주요 내용을 위주로 정리해 보았습니다. 다시 한 번 말하지만 이것은 개정안이지 확정된 것이 아니므로 차후 확정된 개정 사항을 반드시 확인해야 합니다.

A 주택 시장 안정화 대책을 위한 세제 개편안으로 조정 대상 지역에 주택을 보유하는 다주택자는 이전보다 많은 양도세를 부담하게 되었습니다. 이에 대해 정부는 해당 다주택자에게 적용 시점인 2018년 4월 1일까지 주택을 양도할 것을 권장하고 있는 상황이죠. 그렇다면 주택을 어떻게 양도하는 것이 유리한지 각 상황에 대해서 어떠한 전략을 취하는 것이 좋은지 검토해 보도록 하겠습니다. 다음의 내용을 충분히 숙지 후 자신의 상황과 비교해 보길 바랍니다.

양도 소득세율은 2017년 현재 세율을 기본 세율을 적용하며, 보유 기간은 15년 이상인 경우로 가정하여 계산해 보겠습니다.

2주택인 경우

2주택인 경우에는 보유한 주택 중 하나의 주택을 먼저 양도한다면 다른 1주택의 경우에는 양도 소득세 비과세를 적용받을 수 있습니다. 그러므로 양도 소득세가 적은 주택을 먼저 양도하도록 합니다. 또한 비과세 받을 주택이 2017년 8월 2일 대책 발표 이전에 이미 보유한 주택이라면 거주 요건이 적용되지 않으므로 거주를 하지 않아도 무방합니다.

예를 들어 세종시와 대전시에 2주택을 보유하고 있는 경우 양도 소득세가 적은 주택이 조정 대상 지역인 세종시에 있는 경우에는 2018년 4월 1일 이후 양도할 때 양도 소득세율에 10% 가산되며 장기보유특별공제가 적용되지 않으므로 가급적 2018년 4월 1일 이전에 양도한다면 절세가 가능합니다.

	'18.4.1 이전 양도	'18.4.1 이후 양도
세종시 주택(차익 1억 원)	12,078,000원	31,872,500원
대전시 주택(차익 2억 원)	36,547,500원	36,547,500원

*세종시 주택을 '18.4.1 이전 양도 후 대전시 주택을 비과세 받는 것이 유리

조정 대상 지역 이외의 주택인 대전시 주택의 양도 소득세가 적은 경우라면, 2018년 4월 1일 이후에도 10%의 세율이 가산되지 않으므로 비과세 받을 주택을 그 이전에 양도한다면 2018년 4월 1일 이후에 양도하여도 무방합니다.

	'18.4.1 이전 양도	'18.4.1 이후 양도
세종시 주택(차익 2억 원)	36,547,500원	82,940,000원
대전시 주택(차익 1억 원)	12,078,000원	12,078,000원

*대전 주택을 먼저 양도 후 세종시 주택을 비과세 받는 것이 유리

3주택 이상인 경우

3주택 이상으로 조정 대상 지역에 주택을 보유하는 경우에

는 예상되는 양도 소득세를 앞의 2주택 보유의 경우와 같은 방식으로 계산하여 양도 소득세가 적은 주택을 우선 양도하여 주택 보유 수를 2주택 이하로 만들어 비과세를 활용하는 방안이 좋습니다. 다만 3주택 이상으로 투기 지역에 소재하는 주택을 양도하는 경우에는 2018년 4월 1일 이전에 양도하는 경우 장기보유특별공제는 적용되나 세율에 10%를 가산해야 하므로 이를 고려하여 양도 시기를 정해야 합니다.

3주택 강남구, 과천시, 안산시 주택 보유시 양도 소득세 비교1

	'18.4.1 이전 양도	'18.4.1 이후 양도
강남구 주택(차익 1억 원)	19,503,000원	31,872,500원
과천시 주택(차익 2억 원)	36,547,500원	82,940,000원
안산시 주택(차익 3억 원)	65,395,000원	65,395,000원

위의 경우라면 세액이 적은 강남구 주택을 우선 처분하고 이후 2018년 4월 1일 이전에 과천시 주택을 처분 후 안산시 주택을 비과세 받는 것이 유리합니다.

3주택 강남구, 과천시, 안산시 주택 보유시 양도 소득세 비교2

	'18.4.1 이전 양도	'18.4.1 이후 양도
강남구 주택(차익 1억 원)	19,503,000원	42,597,500원
과천시 주택(차익 2억 원)	12,078,000원	42,597,500원
안산시 주택(차익 3억 원)	36,547,500원	36,547,500원

앞의 경우라면 세액이 적은 과천시 주택을 우선 처분하고 2주택 상태에서 2018년 4월 1일 이전에 강남구 주택을 처분 후 안산시 주택을 비과세 받는 것이 유리합니다.

3주택 강남구, 과천시, 안산시 주택 보유시 양도 소득세 비교3

	'18.4.1 이전 양도	'18.4.1 이후 양도
강남구 주택(차익 1억 원)	51,672,500원	104,665,000원
과천시 주택(차익 2억 원)	12,078,000원	42,597,500원
안산시 주택(차익 3억 원)	12,078,000원	12,078,000원

위의 경우처럼 주택을 양도 시 양도 소득세액이 같은 경우 조정 대상 지역인 과천시 주택을 먼저 양도하면 2주택 상태에서 안산은 양도 소득세액이 2018년 4월 1일 이후에 동일하므로 '양도 소득세 비교2'에서처럼 2018년 4월 1일 이후에 안산시의 주택을 양도하고 강남구 주택을 양도한다면 강남구 주택은 비과세 받을 수 있습니다.

여기까지 발생할 수 있는 몇 가지 사례를 가정하여 계산해보았습니다. 이것들이 절대적인 기준이 될 수는 없겠으나 **가급적 양도 소득세가 적은 주택을 우선 처분한다, 조정 대상 지역의 주택을 우선 처분하여 주택 수를 줄인다**를 기본 방향으로 앞의 상황처럼 가정하여 양도 소득세를 계산해본다면 좀 더 나은 절세 전략을 찾을 수 있을 것입니다.

A 앞에서 이야기했듯 '8.2부동산대책' 중 세제 개편안에 대한 내용은 조정 대상 지역의 주택에 대한 것입니다. 정부는 2주택이나 또는 3주택 보유자인 경우 2018년 4월 1일까지 양도하는 것을 권장하고 있는데 주택 수가 그보다 더 많아 일시에 처분이 곤란하거나 불가피하게 보유해야 되는 경우도 있을 수 있을 것입니다. 이런 경우 할 수 있는 절세 안에 대하여 여러 가지로 알아보도록 하겠습니다.

우선, 정부에서 권고 하는 바와 같이 임대 주택(임대 개시일 공시 가격 수도권 내 6억 원, 수도권 밖의 지역은 3억 원 이하)으로 등록하는 것입니다. 보유하고 있는 모든 주택을 임내 주택으로 등록하는 경우 '임대 등록 주택'의 혜택을 받을 수 있습니다. 모두 임대 주택으로 등록 시, 2년 이상 거주한 거주 주택에 대해서는 비과세를 받을 수 있는 혜택이 있습니다. 또한 조정 대상 지역에 있는 경우에도 임대 능복 수택에 대해서는 숭과세율을 석용하지 않으며, 종합 부동산세를 계산할 때도 합산 배제되어 종합 부동산세를 부과하지 않습니다. 이는 앞서 이야기한 임대 등록 주택의 내용을 참고하면 더 자세히 알 수 있습니다.

　하지만 모든 주택을 임대 등록을 하는 것이 어려운 경우도 있을 수 있지요. 그럴 때에는 조정 대상 지역에 소재하는 주택만 등록하여 대상 주택을 양도시에 중과세율을 적용받지 않도록 하는 방법이 있습니다. 그러므로 5년 이상 임대가 가능한 경우에는 임대 등록을 하는 것이 중과세율을 회피할 수 있는 방법이라 할 수 있습니다. 다만, 임대 등록을 하면 5년 이상 임대를 하지 않는 경우에는 위의 혜택을 받을 수 없고, 기존에 감면받은 것이 있는 경우 추징이 될 수 있으며, 임대 등록시 건강보험이 별도로 부과될 것이므로 등록에 신중을 기해야 할 것입니다.

Q. 2018년 4월 1일 이후 조정 대상 지역 다주택자가 매도 시 절세 방법은 무엇인가요?

A 2018년 4월 1일 이후 만약 임대 등록을 하지 않은 다주택자가 양도를 하게 된다면 조정 지역에 대하여 중과세율이 적용이 됩니다. 이때 중과세율을 적용하는 것과 일반세율을 적용하는 것은 별도로 세율을 적용하여 계산합니다.

다시 말하면 두 가지의 부동산은 합산하여 세율을 적용하지 않는다는 것입니다. 양도 소득세의 이익이 많을수록 세금이 기하급수적으로 증가하는 이유는 합산으로 인한 누진세율을 적용받기 때문입니다(앞서 설명한 적이 있지요?). 하지만 두 가지 자산에 대해서는 별도로 합산을 하지 않고 세금을 따로따로 계산하므로 이점을 활용해 절세를 하는 것입니다.

	서울 주택	인천 주택	인천+인천	서울+과천
양도 소득금액	60,000,000원	40,000,000원	100,000,000원	100,000,000원
세율	44%	15%	35%	55%
양도 세액	21,180,000원	4,920,000원	20,100,000원	40,100,000원
세액 비교	26,100,000원		20,100,000원	40,100,000원

앞에서 보는 바와 같이 조정 대상 지역의 주택은 20% 중과세율을 적용받고, 그 외 부동산의 경우 기본 세율을 적용받습니다. 따라서 다른 세율을 적용되므로 합산하지 않고 따로 계산하게 되어 세율 구간은 낮출 수 있습니다. 물론 이외의 지역만을 처분하는 것이 가장 좋지만 조정 대상지역의 주택을 양도해야 한다면 조정 대상지역을 주택을 2개 이상 양도하는 것보다는 조정 대상 지역의 주택과 그 외 부동산을 양도하는 것이 더욱 절세가 될 것입니다.

손실이 발생하는 부동산이 있는 경우 해당 손실액을 다른 부동산의 양도 차익에서 차감할 수 있습니다. 이때 같은 세율을 적용하는 것을 우선 차감합니다.

	사례1	사례2
상계 전	서울 이익 70,000,000원 서울 손실 40,000,000원 화성 이익 20,000,000원	서울 이익 70,000,000원 화성 이익 20,000,000원 화성 손실 40,000,000원
상계 후	서울 이익 30,000,000원 화성 이익 20,000,000원	서울 이익 50,000,000원
양도 소득세	서울 9,420,000원 화성 1,920,000원	서울 16,780,000원

어떤 손실인가에 따라서 세금 차이가 크게 발생하게 되므로 손실이 있는 경우에도 전략적으로 양도해야 더 많은 세금을 절세할 수 있습니다.

Q. 부동산 매매업을 하고 있습니다. 절세를 하려면 어떻게 하는 것이 좋을까요?

A 정부의 강력한 부동산 정책으로 부동산 매매업을 하는 분들의 경우 머리가 복잡해질 수밖에 없을 겁니다. 이미 조정 대상 지역에 주택을 보유하고 있는 경우라면 앞서 말한 바와 같이 임대 등록을 한다면 그에 따른 혜택을 받을 수 있을 겁니다.

그렇지 못한 경우라면 일반 양도 소득세와는 조금 다른 방식으로 계산해야 합니다. 하지만 여전히 조정 대상 지역 외의 부동산을 양도할 때는 기타 필요 경비를 활용하면 일반 양도 소득세로 계산하여 신고하는 것보다는 더욱 절세 효과를 볼 수 있습니다.

또한 부동산 매매를 주업으로 하여 중과세율을 적용받는 자산이 있는 경우라면 당해 중과세율 자산의 양도 차익에 대한 소득세와 그 외의 소득에 대해 별도로 계산하여 합산하여야 합니다. 중과세율과 기본 세율을 별도로 계산하는 것(p215 참조)과 유사한 방식으로 종합 소득세를 계산하여 중과세율을 회피하는 것을 방지하는 것입니다. 예를 늘면 다음과 같습니다.

217

	매매업	
	조정 대상 지역	기타지역
매매 차익	50,000,000원	70,000,000원
경비(손실)		55,000,000원
기본공제	2,500,000원	–
소득금액	47,500,000원	15,000,000원
세율	44%	15%
세액	15,680,000원	1,170,000원
	계	16,850,000원

위에서 보는 바와 같이 기타의 매매 차익이 있는 경우 이에 대해서 기타 필요 경비를 차감하면 매매업을 활용한 절세를 할 수 있습니다. 하지만 다음의 경우처럼 필요 경비 또는 손실액이 기타 지역의 매매 차익보다 많은 경우가 있을 수도 있습니다.

위의 사례와 동일한 매매 차익이지만 아래의 경우처럼 기타 지역의 매매 차익보다 기타 경비 등이 많은 경우 그때의 손실액

	매매업	
	조정 대상 지역	기타 지역
매매 차익	70,000,000원	50,000,000원
경비(손실)		55,000,000원
기본공제	2,500,000원	–
소득금액	67,500,000원	15,000,000원
세율	44%	15%
세액	24,480,000원	
	계	24,480,000원

은 상계되지 않으므로 이에 대해서 주의를 해야 합니다.

또한 매매 손실이 발생하는 경우에도 기타 지역의 매매 손실은 조정 대상지역의 매매 차익의 소득세에서 상계되지 않는다 점도 주의해야 합니다.

그럼에도 위의 각각의 경우에 양도 소득세는 필요 경비를 인정받을 수 없기 때문에 기타 지역의 매매를 통해서 이익을 얻는 경우라면 매매업을 이용한 절세 효과를 볼 수 있을 것입니다.

위의 내용은 개정안을 바탕으로 한 예상 계산이므로 이에 대해서 차후 세법의 확정시 변경되는 내용을 반드시 확인해야 합니다.

북큐레이션 • 누구나 쉽게 따라할 수 있는 돈 관리 노하우를 알려주는 라온북의 책

치솟는 물가, 늘어나는 대출이자 때문에 매일 돈 걱정에 시달리는 분들에게 추천드리는 책입니다.
소소한 재테크 지식부터 경매와 투자로 목돈 마련하는 법까지! 미래를 위한 돈 공부를 시작해보세요.

하루 10분
재테크 공부로
돈이 붙는
체질 만들기

부자근육을 키워라

백승혜 지음 | 13,800원

**평범한 당신도 하루 10분 재테크 공부만으로
부자근육 키워 부자 되는 6단계 트레이닝!**

부자가 되고 싶은 마음은 굴뚝같은데 한 번도 계획을 지키지 못하는 이유는
뭘까? 바로 '기본기'가 없기 때문이다. 계획을 끝까지 밀어붙이고 부자가 되
려면 재테크 '기술'을 익히기에 앞서 어떤 지식과 정보도 돈 되는 정보로 바꿔
주는 '부자근육'을 가지고 있어야 한다.

《부자근육을 키워라》는 하루 10분 틈틈이 하는 재테크 공부만으로 부자근육
만드는 법을 6단계로 제시한다. 부자가 되고 싶은 열망만 있고 시도는 해보
지 못했거나 무엇부터 시작해야 할지 모르는 사람, 재테크를 시작했다가도
금방 포기하는 사람이라면 이 책을 통해 탄탄한 내공을 다질 수 있을 것이다.

돈 걱정 없이
사는 우리 집
재테크 노하우!

내 가족을 위한 돈공부

이재하 지음 | 13,800원

**"당신이 돈 공부를 시작하면, 가정과 자녀의 미래가 달라진다!"
주식, 부동산으로 재테크 달인이 된 세 아이 아빠 이야기**

보험사의 FC이기도 한 저자는 수많은 부자를 직접 만났고, 또 금융상품을 알
아보러 온 부자가 되고 싶어하는 수많은 평범한 사람도 만나봤다. 그러자 부
자는 왜 부자가 되었고, 가난한 사람은 왜 가난한지 알게 되었다. 그 차이는
오직 돈을 대한 원칙이 있느냐에서 비롯되었다.

저자는 특히 평범한 사람은 부자가 될 수 없다는 비관론에 속지 말 것을 당부
하며, 누구나 적은 돈으로 시작할 수 있는 부동산, 금융상품, 보험, 주식 등
돈이 돈을 불리는 시스템에 대해서 기초부터 차근차근 설명해준다. 특히 이
책의 꽃은 자녀에게 어떻게 돈에 대해 가르치고, 가족이 돈 공부를 공유할 것
인지를 알려주는 부분일 것이다.

난생처음 주식투자

이재웅 지음 | 13,800원

'판단력'만 있으면 주식 투자 절대 실패하지 않는다!
차트보다 정확한 기업 분석으로 적금처럼 쌓이는 주식 투자법!

쪽박에 쪽박을 거듭하던 저자가 전문 주식 투자자가 되기까지! 저자가 터득한 가장 효과적인 공부법과 이를 바탕으로 실전에서 활용할 수 있는 효과적인 투자 노하우를 담은 책이다. 1장에는 저자의 생생한 투자 실패담과 많은 주식 투자자들이 실패하는 이유에 대해, 2장에는 주식 투자에 밑바탕이 되는 기본 지식 공부법과 습관에 대해 설명한다. 그리고 3장부터 본격적으로 주식 투자에 필요한 용어 설명, 공시 보는 법, 손익계산서 계산법, 재무제표 분석법, 사업계획서 읽는 법, 기업의 적정 주가 구하는 법 등 투자에 필요한 실질적인 노하우를 6장까지 소개하고 있다. 마지막 부록에는 저자가 실제 투자를 위해 분석한 기업 7곳의 투자노트가 담겨 있다.

10배 경매

임경민 지음 | 16,000원

17년간 부동산 경매에 올인한 경매의 신이 알려주는
바로 벌고, 많이 벌고, 평생 버는 경매 투자 노하우!

대한민국에서는 자신의 집과 30억 원의 재산이 있어야 겨우 '부자' 소리를 들을 수 있다. 한 달에 100만 원씩 저축해도 250년이 걸리는 액수다. 결국, 월급만으로는 부자가 될 수 없다. 그렇다면 평범한 사람이, 빨리 부자가 될 수는 없을까? 임경민 저자는 '부동산 경매야말로 가장 쉽고, 안전하며, 수익률이 좋은 투자'라고 말한다. 온갖 투자를 섭렵한 그가 최종으로 택한 것이 바로 '부동산 경매'다. 특히 그는 "수십 채로 월세를 받는 것보다, 단기임대 후 매매하는 것이 훨씬 안전하고 수익률도 좋다"고 주장한다. 책에는 꼭 필요한 경매 지식과 수익 올리는 노하우가 가득하다. 특히, 투자금 대비 10배가 넘는 수익을 수차례 올린 저자의 실제 사례들이 낱낱이 공개되어 있다.